松本隆宏
Takahiro Matsumoto

地主の真実

The truth of landowners

これからの時代を
生き抜く実践知

マネジメント社

プロローグ

今年（2023年）7月に『地主の決断』（サンライズパブリッシング）を上梓した。地主を取り巻くさまざまな問題を解決していくために、どのような考え方をしてどう対処していくかの道筋を解説したものである。

同書でも述べているが、地主を取り巻く社会経済環境は年々厳しくなりつつある。固定資産税、消費税、相続税、修繕費、管理にともなう諸経費等々、何も対策していなければ、資産は確実に減っていくのだ。

多くの地主は、先祖代々受け継がれてきた土地や建物などの資産を自分の代で減らしたくないと思っているものである。真面目な人ほどその念が強く、日々の生活を切り詰めてでも、来るべき相続に備える。

それでも、資産を守るのはなかなか大変である。家族構成にもよるが、相続税を払いきったとしても資産は分散され、全体の資産価値は確実に目減りするのである。それが日本の税制なので仕方のないことであるが、だからこそ、そうならないための対策として、**地主には「人を見極める力」「時代の流れを読む力」「決断する力」が必要である**と前書で説いた。

地主が抱える問題は税金に関することだけではない。不動産を取り巻く状況や地主にとって味方となってくれるであろう存在の銀行や税理士、デベロッパーとの関係性など、地主ごとに違う難題を抱えている。

私は「地主の参謀」としての仕事の関係上、さまざまな地主の内情を知ることになるが、その**内情を知れば知るほど、「信じられない！」と驚くことが少なくない**。それは、地主に対する銀行の対応だったり、税理士の能力だったり、デベロッパーの向き合い方だったり……地主の現実をよく知っている私でさえ、驚きの事実が次々に出てくる。

話は前後するが、私は2018年に初めての著書『地主の参謀』を出版した。その内容は前著『地主の決断』の序章のようなもので、地主の資産防衛コンサルタントとして、起業への想いや業界の問題、参謀の必要性をまとめた内容になっている。

この本の出版を機に、東京、神奈川、埼玉、名古屋、大阪、兵庫などで、講師として年間54回もの講演をする機会を得た。お陰で多くの地主と知り合ったが、同時に、世の中には本当に困っている地主がいるのだと痛感した。

本書は、地主の真実を明らかにすることで、地主が抱えている問題やストレスを知っていただくとともに、その問題の核心が何であるかを理解し、地主同士が問題を共有し、共に解決に向けての糸口を見出すことを目的として、6つのエピソードを紹介している。登場人物は仮名であるが、内容はすべて〝真実〟である。

これらのエピソードをお読みになれば、「地主業は楽」「何もしなくても家賃収入がある」といった短絡的な見方が間違っていることがわかるだろう。

地主が抱えている難題を解決していくためには、私自身も多種多様な専門知識を学びレベルアップする必要性を感じた。加えて、それらの難題を一緒に解決し、**地主の生活防衛、資産防衛に寄与し、ストレスをなくしていくためには、各部門の専門家チームが絶対必要である。**

そこで私自身の役割は、全体を俯瞰《ふかん》して、問題解決のためには何が必要か、何を糸口にすべきか、ならばどういう専門家にサポートしていただくのがよいか、などを組み立て、必要なチームを編成することである。

以来、さまざまな地主の相談に乗り、問題を解決していく過程で、多くのことを学ぶことができた。今では、起業当時に比べれば格段の違いがある「参謀」だと自負している。

地主の状況はそれぞれ違っているが、私が感じているのは、地主はガードが堅いが無防備でもあるということだ。

近隣の地主仲間から相続や不動産売買で大きな損失を被ったとかネガティブなことを聞いたりすると、防衛反応として殻を堅く閉ざすのは当然だ。だが同時に、従前から付き合いのある銀行や税理士、不動産会社が「わが家のことを考えてくれている」と思い込み、「顧問税理士にまかせているから大丈夫だ」と安心していたりする。

しかし、ひとたび何か問題があって、いざというときにそれら専門家が自分をサポートしてくれるだろうという期待は、じつは期待外れのことが多いのである。お金にからむ問題だから税理士に相談すると、「自分の専門外だからできない」と言ってくれるのは正直でいいとしても、「方策を考えましょう」と言いながら、じつは何も解決策を見出してくれないケースもある。

税理士だけではない。大手の不動産会社だからといって、地主のことを最優先に考えてくれるわけではない。信用第一の銀行だからといって、銀行の言うことを鵜呑みにしていたらとんでもないことになる。私の顧問先では、そうした例が枚挙にいとまがないほどである。

6つのエピソードによって、このような〝地主の真実〟を知っていただくとともに、問題解決のヒントになればと思う。

地主の参謀　松本　隆宏

CONTENTS　地主の真実

プロローグ　3

エピソード 1

大手だから安心——この思い込みが地主を苦境に立たせる

先代が建てた下町の自社ビル　16
バブル経済期　19
重くのしかかったテナントの問題　23
大手企業の嫌がらせ　26
地主の参謀　36
地主の悩みと不満　43
「組み替える」という考え方　47

エピソード 2

〝銀行の都合〟に振り回された若い夫婦の3年間

先代の頃 ―― 農業から不動産業に 52
銀行への不信 54
突然やってきた相続 58
四十九日から返済を迫る銀行 62
所有地の活用 65
新規物件の購入 79
地主のあり方とは 83

エピソード 3

複雑に絡んだ共有不動産からの卒業①

先々代が建てた駅前の商業ビル　88
夫の急死　94
義母の相続問題　96
法人化と自宅の建て替え　103
駅前商業ビルの売却　109
賃貸マンションへの資産の移行　114
ご先祖への感謝と次代への承継　117

エピソード 4

複雑に絡んだ共有不動産からの卒業②

喫茶店の閉店 122
個人所有のビルを法人化へ 124
経営改革に着手 126
問題の多い駅前商業ビル 130
大きなストレスに苛まれた相続人 133
駅前商業ビルの売却 135
アパート経営 139
出口戦略を考える 143

エピソード5

税理士と銀行に振り回された姉妹の不動産経営

古くからの農家　150
代替わり　154
不動産を替える　158
専門家の選別　167
地主としての成長　169

エピソード6

手間のかかる多数の不動産管理
――将来は遠隔管理を実現して、娘〜孫に引き継ぎたい

アメリカで出会って結婚した夫妻 178
先代の死 181
参謀との出会い 188
土地を売却し、収益物件を購入 192
賃貸経営の勘所 195
現在と今後 197
後継者 198

エピローグ 204

Episode 1

大手だから安心――この思い込みが地主を苦境に立たせる

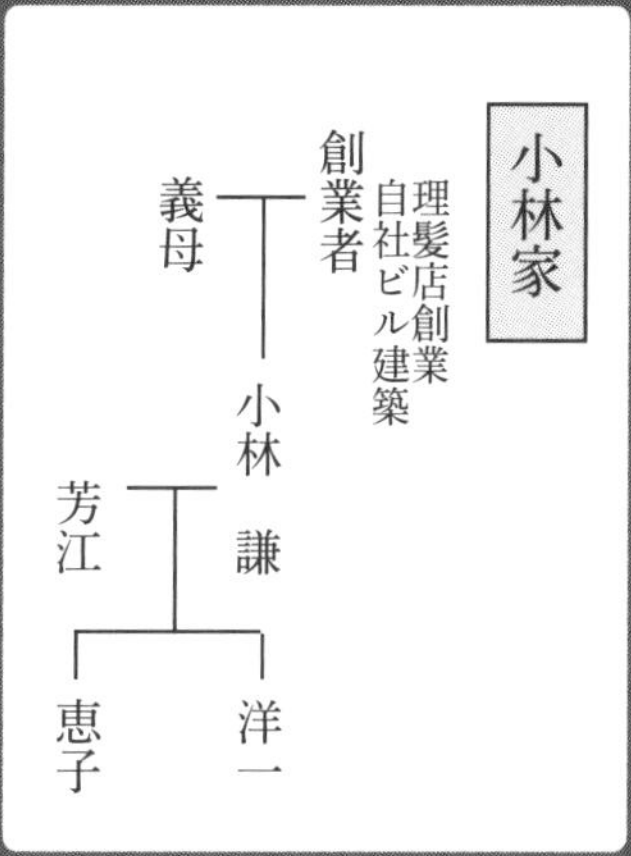

小林家 系図

先代が建てた下町の自社ビル

シベリアから帰還した創業者

「主人の父も床屋をやっていました。このビルを建てたのは主人の父の代です」と小林芳江さんは言う。

小林さん一家のルーツから説明しよう。

芳江さんの夫、小林謙さんは浅草生まれである。

戦前、謙さんの父親は浅草で床屋を営んでいた。戦時中に陸軍に召集され、戦後は数年間シベリアに抑留された。

シベリアから帰還したのは謙さんが小学校2年生のときだった。

謙さんの父親と芳江さんの父親は、同じ店で理容師の修行をした縁があった。芳江さんの父親は結核にかかったことがあったことから、戦争で遠方に行かされることはなかった。

戦後、謙さんの父は「東京で店を持ちたい」と、芳江さんの実家を頼り、しばらく身を寄せていたこともあるという。

「戦後のバラックみたいな家でした。もちろん覚えていませんが、私が生後6か月くらいの頃、夫（謙）の父親としばらく一緒に暮らしていたそうです」（芳江さん）

謙さんの父はやがて同じ県出身で手広く商売をしていた人の紹介で、東京の中心部にある下町に土地を得た。そこで理髪店を開業し、道を挟んだ向かいの土地に家を建てた。

高度成長期、好況の後押しもあって理髪店は繁盛した。店はどんどん大きくなり、謙さんの父親は自社ビルを建てた。

その後、謙さんと芳江さんは結婚した。

謙さんと義父は、自社ビルで8席もある理髪店を経営した。ビルは5階建てで、地下鉄の駅の入口が1階にあった。つまり、地下鉄駅の真上に立地するビルである。

上階はオフィスビルとして貸し、最上階は2段ベッドを並べて従業員の寮として使っていた。当時は徒弟制度で、5年ほど修行をして国家試験にうかれば、理容師として次の道に進めた。

店は繁盛し、家賃収入もあり、暮らしは順風満帆だった。

道を挟んで向かいには自宅があり、芳江さんはそこで息子さんと娘さんを育て、義父母や自分の両親の世話もしていた。

その頃の東京は、今とはまったく違った。

周辺には小高い丘もあり、ミミズクやアオダイショウが棲んでいた。雨が降ると大きなカエルが出てきて、その鳴き声が響き渡った。

バブル経済期

再開発と等価交換

バブル経済が終わる直前、昭和63年頃、その周辺に大手デベロッパー・Mビルによる再開発が行われつつあった。映画『三丁目の夕日』のようだった地元の商店街や町工場は、次々にビルに置き換えられ、風景は一変した。

土地の所有者の多くは等価交換でビルのテナント料などを受け取っていた。

芳江さんの義父が建てた自社ビルもこの再開発の波に呑み込まれた。

交差点に新しく建ったビルの地下の2区画、30坪と20坪の広さの店舗を等価交換で得た。この20坪のスペースは別のテナントに貸し、30坪の広い店舗で理髪店を続けることにした。

当時、小林さん一家はここ以外にも何店舗か理髪店を経営していた。息子の洋一さんも何店舗かまかされていた。

義母の相続

芳江さんの義母は65歳で病に倒れ、それから7年3か月間、寝たきり状態で病院にいた。

銀行の助言を受け、謙さんは相続税対策としてマンションや土地など、銀行から融資を受けて、複数の不動産を購入していた。

「相続税対策に、この商品を購入したほうがいいですよと言われて購入したり、値上がりするから大丈夫ですよと、銀行に言われるままに借入していました」（芳江さん）

謙さんは、銀行は洋一さんや芳江さんのためになるように考えてくれていると信じていた。

しかし、タイミングが最悪だった。

購入時はバブル経済がピークに達していた頃。すぐにバブルが崩壊して資産価値が急激に下がった。芳江さんの義母が亡くなったときは、相続税率見直し前だった。日本の相続税は世界的にも高額だが、当時はさらに税率が高かった。

生きている間は固定資産税などの税金を納めていて、さらに死亡時に相続税がかかるというのは、地主にとって負担が大きい。

小林家は高い相続税を支払うはめになった。芳江さんは所有していたいくつかの不動産を売却して相続税を支払った。

バブルが崩壊した後、銀行は芳江さんに対してなんのフォローもしなかった。それどころか、商品を勧めてきた銀行の支店長は関西へ異動になり、後任は何も知らないふりをした。

そのとき初めて、銀行は、自分たちの利益しか考えていなかったのだと気づいた。

理髪店を閉める

小林父子は30坪のテナントスペースで、引き続き理髪店を営んでいた。

しかし、経営状況は厳しくなるばかりだった。オフィス街化によって大幅に地域住民が減ったことから、公共施設なども閉鎖された。日中の理髪店の利用者も減少した。

勤務時間中によく来ていたサラリーマンも、週休二日制の影響で土日は来店しなくなった。

それに加え、謙さんの健康状態もよくなかった。糖尿病で透析を受け、心臓にはペースメーカーを入れながら働いていた。しかし「もうこれ以上は難しい」と判断した。約20年、この場所で営んでいた理髪店を閉店し、30坪の店舗はテナントとして貸すことにした。

「バブル崩壊の影響もあったが、坪当たり3万円程度で貸せば、まずまずの収入が見込めた」と洋一さんは言う。

Mビルと等価交換はしたが、小林さん一家は20坪と30坪のテナント所有の権利があり、その家賃収入で暮らしていた。

重くのしかかったテナントの問題

謙さんのみが把握していた不動産

２０１６年。芳江さんの夫・小林謙さんが亡くなった、74歳だった。

芳江さんは義母の看病のため毎日病院に通い、さらに子どもたちの世話で忙しくしていて、理髪店の経営にも不動産にもほぼ関わっていなかった。

「父が倒れたときに、まず、借金があるかどうかを調べたんです。何も聞かされていなかったので、法務局へ走りました」と芳江さんの娘・恵子さんは言う。

店舗を経営していて、借金がゼロであるケースはほとんどない。特に複数の店舗がある場合、修繕費用などがかかり、たいていは借金をして経営を回しているものだ。

その借金で自宅を失ってしまうような事態は避けたい、と考えたのだ。
「兄は商売を手伝っていたので、商売についてはわかりますが、私はまったく携わっていなかったし、不動産の知識もなくて、もう大慌てでした」（恵子さん）
「理髪店の経営の話はしましたが、不動産については、私はノータッチで、全部父がやっていました」（洋一さん）
幸いなことに借金はなかった。
子どもたちの手助けで、小林さん一家はなんとか相続を乗り越えた。

悪質テナントとの裁判

亡くなった謙さんは、不動産について詳しいわけではなかった。また、人のいいところがあり、家賃も相場より安くしていた。

「昔ですから信用で貸している部分もあって、契約書も本当に簡易な契約書で、どちらとでも取れるような書き方になっていましたし、今だったら絶対に入れる規約も、当時の契約書には入っていませんでした。テナントで入居していた会社はそこを突いて、契約書にそういう記載がないから、どっちともとれるから、だったら払わない、ということになったのです」（芳江さん）

謙さんが生前に家賃を戻す話をしても、書類で残していなかったので、テナント側は「今払っている家賃が正しい家賃だ」と拒否した。

「法律的には、必ずしも不動産屋さんを入れなくてもいいんですよね。なので父は間に不動産屋を入れなかった。そこがそもそも間違いだったと思います。相手を信用して貸してしまった」（恵子さん）

「借りるときはすり寄ってくる。そういう人たちは、サラリーマンなので異動や退職があっていなくなってしまった。人が代わって、あのとき約束したじゃないですかと言っても、書面に書いてないものは約束していない、となってしまいました」（芳江さん）

大手企業の嫌がらせ

謙さんが亡くなったあとも交渉は続いた。

弁護士を介しても、「家賃交渉には一切応じない。10円でも値上げは拒否する」と相手が威圧するため、裁判になった。

調べてみると、相手は他の場所でも同じようなトラブルを起こしては裁判沙汰になっている常習者だった。

2018年8月、裁判は小林家が勝訴した。

しかし、相手は「立ち退きを迫られた」と主張し、何も片付けずに去っていった。もちろん立ち退きを迫っていない。小林さん一家は原状復帰の費用として、保証金を充当することにし、その状況をMビルに報告した。

大手デベロッパー・Mビル

「原状復帰もせずテナントに出て行かれてしまった」とMビルに告げると、Mビルは「うちに話を通さずに勝手に原状復帰の工事をされては困る」と言い出した。

「では、おいくらでやっていただけますか?」と恵子さんが聞いたところ、とんでもない金額を提示してきた。

手元にあった保証金よりもはるかに高額だった。

小林さん一家は自力で原状復帰することにした。しかし、Mビルの嫌がらせともいえる対応があった。

「電気系統一つ触らせてもらえないし、図面すら見せてもらえませんでした。業者にエレベーターを使わせない、という話も聞きました」(恵子さん)

それでも、自分が所有する区画であるので、なんとか原状復帰はできた。

例の悪質テナントはMビルの原状復帰費用が高額であることを知ったうえで、

借りては投げ出す、というやり方の常習犯だった。

「他でも同じように裁判になっているらしく、いろいろと手段を知っているんです。弁護士さんは、係争すれば何とかなるとは言いますが……その金額で済むのなら、これ以上こちらに関わらないという条件を判決文につけてもらって裁判を終わりにしたんです」と芳江さんは言う。

コロナ禍が家賃収入を直撃

次はよいテナントに入ってほしいと切実に願った。だが、1件決まりかけたところで、世間はコロナ禍になった。

家賃収入が途絶えた。

リモートワークの普及で、人々はオフィスに足を運ばなくなった。人の流れはなくなり、結果として、テナントは次々と退去し始めた。

それでも管理費や積立金はMビルに毎月支払う必要があった。

「Mビルさんといろいろあったり、テナントが入らない時期が続いたりして、ここらで〝潮時かな〟という感じになりました」と恵子さんは言う。

決まらないテナント

小林さん一家が所有していた二つの区画は、地下鉄の駅に直結していた。周辺はオフィス街で飲食店は少なく、テナントに困ることはないと思われた。

「立地的には申し分のない場所だと思っていました。でも、実際はなかなか厳しかったです」（恵子さん）

問題は稼働率にあった。Mビルの都合で、平日の営業時間は朝8時から夜10時まで、土日祭日は休業。入り口のシャッターが閉まると人通りがなくなる。ビル前の道はかつて大学病院への近道だったが、再開発でその通行人もいなくなった。

さらに、**Mビルの高額な管理費が家賃を押し上げる要因になった。保証金は家賃の10か月分で、零細企業や個人事業主には手が出ない。**

「入るときも出るときも、すごくお金がかかるということで、大手しか借り手がつかない状態でした」（恵子さん）

そして、Mビルの関連会社が間に入っている関係で、原状復帰費も高額。内装だけでも1000万〜2000万円になる。

もしも裁判になった悪質テナントのように原状復帰しないで出ていかれてしまうと、小林さん一家が負担することになってしまう。したがってオーナーとしては、ある程度の敷金は預からざるを得ない。

コロナ禍が続き、テナントは思うように決まらなかった。

「主人はあそこがあれば暮らしていけるだろうと思っていたのでしょう。亡くなったあとにこんな苦労をしているとは、思ってもみなかったでしょうね」（芳江さん）

税理士探し

その頃、小林さん一家が長く頼りにしていた顧問税理士が急性白血病で亡くなった。しかし、新しい税理士は簡単に見つからなかった。

当初は亡くなった先生と親交がある別の会計事務所を頼りにしたが、担当者が去ってしまった。別の先生にお願いしたが、その方もダメだった。

最終的には、頼っていた顧問税理士の事務所で働いていた若手の税理士が担当してくれることになった。

「非常にいい方で、一緒にいろいろ調べたり親身に相談に乗ってくださるのですが、不動産に関しては専門外でした。経験や知識が少ないので、先手を読んで動くことはしていただけなかったのです」（恵子さん）

「お金が動くことに関しては税理士さんに相談すれば、きっといい道が見つかるだろうと思ってしまうんですが、このコロナになって大変なときに、自分たちで動かないと、何も前には進まないんです。

こちらからお願いすれば気持ちよくやってくださいますが、私たちの生活をよくするためにはどうしたらいいか、というところまではやはりしてくださらない。税理士さんのことを勘違いしていたんです」（芳江さん）

芳江さんが気づいたように、税理士との関係がネックとなっている地主は多い。

経営という言葉がある。**経営は、経理の「経」と、営業の「営」と書く。本来、**

営業して利益を得ることだ。

財産をただ守るだけでは減ってしまう。攻めなければ、守る基盤もなくなってしまう。それを理解していない税理士も多い。

多くの税理士は経営感覚に乏しく、何にお金を使うべきか、何に使うべきでないか、判断もアドバイスもできないのは無理もない。税のプロであって、経営者に経営のアドバイスをするのが主たる業務ではない。

4号融資を断る銀行

テナントが入っても入らなくても家賃、修繕積立金、管理費、固定資産税などはかかる。

当時はコロナ禍であったことから、芳江さんは500万円まで無利子の4号認定の融資（※）を受けることにした。

「土地も家もあるので、借りなくても何とかしのげるとは思いましたが、万が一のために借りておこうと話し合って決めました」（恵子さん）

まず、区役所で4号認定の書類をもらい、それをもって銀行で手続きをする。洋一さんは以前から取引のあった大手M銀行かS銀行で手続きをしたいと考えた。しかし、どちらの支店も対応していなかった。町内会でもお付き合いがあり、目の前に懇意の銀行があるのに、わざわざ遠くの銀行に行った。

区役所の担当者は協力的だったが、いざ銀行に行くと、融資は下りなかった。理由を聞くと、これまで借入をする際に、信用保証協会を利用したことがないので、「信用がないから」というものだった。

銀行ではなく、信用保証協会のデータベースに載っていなかったというのであ

※セーフティネット保証4号。突発的災害（自然災害等）の発生に起因して売上高等が減少している中小企業を支援するための措置。自然災害等の突発的事由により、売上高等が減少している中小企業・小規模事業者の資金繰り支援措置として、信用保証協会が一般保証とは別枠で融資額の100％を保証する制度。

る。だからゼロからの審査になった。
「そういうことってあるんだって、びっくりしました。借金をしている人のほうが信用があるっていうのも、おかしな話だなと思いました」（芳江さん）
取引のある銀行なら、資産状況はわかっている。ビルのテナントの権利だけでも資産価値５００万円以下のはずがない。

それでも融資はなかなか下りなかった。そのあげく、銀行で手続きに時間がかかり過ぎたことから、書類の有効期限を過ぎてしまった。区役所は「そういう事情なら期限が切れていてもいいですよ」と対応してくれたのはよかったが……。
「資産の額、現金の額、私の預貯金がどのくらいあるのかなど、かなり細かく書類に書いて出す必要がありました。コロナ救済のための緊急融資なのに、結果、通常の融資と同じことをしなくてはならなかったのです」と恵子さんは憤慨する。

結局、融資は下りた。しかし、芳江さんはそれに手を付けず、後日そっくりそのまま返済した。

「Mビルも銀行も大手企業です。担当者はサラリーマンで、担当範囲が限られていて、縦割りというか他のセクションの情報には疎い。不動産屋も同様で、質問しても、担当範囲外のことは知らないし、調査もしない」（洋一さん）

「私たちの中では今も昔も、**銀行さんに相談するほうがリスクがある**という認識です。バブル時代に、父も銀行さんからだいぶ痛い思いをさせられていました」（恵子さん）

地主の参謀

最初の面談

２０２０年、私が小林さん一家にお会いした頃は、どこに相談したらいいのかわからない状況だった。

その頃、娘の恵子さんは「どんな業界ならばテナントとして借りてくれるか？」と、ご主人が読んでいた日経新聞に目を通すのを日課にしていた。そこで私の著書のことを知り、恵子さんはさっそく書籍を購入し読んでくださった。

「私たちが相談したかったのは、私たちを守るためにはどうしたらいいかのノウハウを知っている方。銀行や証券会社は、自分たちの利益のための思惑があるし、アドバイスを鵜呑みにするのは危険ということがわかったので、そういう立場ではなく、総合的に道筋を示してくださる方に相談したいと考えていました」
（恵子さん）

収益を生んでいない資産

小林さん一家のお話をうかがった私の第一感は、個人が所有するには複雑すぎる物件だということだった。

区分所有の2区画は資産であるにもかかわらず、収益を生んでいない。むしろ赤字が続いていた。その状況を改善することが最優先だった。

私は物件を直接確認し、その必要性を再認識した。

問題は区分所有であることと、Mビルが共同所有者であることだ。この関係性が続く限り、小林さんたちの立場は不利だ。

区分所有の管理は煩雑で、テナントがいるときといないときがあるので不安定になる。長期間の所有が続くと、いずれは建て替えの問題が出てくる。その時点で、Mビルが有利になるだろう。そのようなリスクも考慮し、早めに手を引くべきだと判断した。

不動産投資は仕入れが適正で、管理会社がしっかりしていれば大丈夫だと断言できる。だからこそ、より魅力的な物件に替えるべきだ。

そこで、2区画のテナントを売却し、居住用の一棟ものに組み替える（新規に購入する）のはどうかと提案した。

「お金のこと、相続のこと、不動産のこと、税金のこと……誰に何を相談していいか、というのがそれぞれバラバラです。でも松本さんは、それを全部把握されていて、なおかつ専門家のサポートをバックに持ってらっしゃる。まさに私たちが求めている方でした」（恵子さん）

当時の心境を母親の芳江さんはこう語る。

「私は嫁だから、私の代までは何とか頑張ろうという気持ちでいました。でも子どもたちには、そこまでやらせたくないので、私がいなくなったら、子ども2人と、私の妹の3人で話をして、続けるかどうするかはまかせようと思っていたんです。

でも松本さんとお会いして、いろいろなお話を聞いていたら、やはり今の状況のまま最後まで持つというのは、とてもできることではないとわかったのです。心情的に迷ってはいたのですが、コロナのことと、この広さの物件を管理するのは、ここで決断したほうがいいのでは……という気持ちが日に日に強くなりました」

芳江さんはもともと嫁として家を守る役割に徹していた。夫とその両親が築き上げた財産を、少なくとも自分の代までは守ろう、と決意していたのだ。

しかし、時が経つにつれて状況が悪化していった。等価交換から40年が経過すると、そろそろ建て替えで、Mビルからの坪数に基づいた請求がくる可能性がある。

新たに借金をしてまで持ち続ける価値があるのか。この状態を孫の代まで続けたいのか。ご家族にじっくり考えていただいた。

「借金してまで管理費を払いながら続けていくのは、どうなんでしょうかと言われると、それもそうだなと思いまして。だんだん考え方も変えていかなくては、と子どもたちにまかせようと決めました」（芳江さん）

「私たちも、守らなければいけないという刷り込みがあって。せっかく頑張って築いてくれたものを続けなければ、という思いがありました」（恵子さん）

売却時にもMビルの嫌がらせ

区分所有の2区画は2022年に売却した。

売却はMビルではなく、売却を専門に扱うパートナー企業に依頼。譲渡税の申告は、地主に特化した税理士事務所で対応してもらい、税金を合法的に抑えた。それ以降、小林さん一家の税務はその税理士事務所でサポートしてもらうことになった。

じつは、物件の引き渡し直前まで、Mビルの嫌がらせともいえる対応が続いた。書類を突き返して何度も提出させる、必要な情報を知らせない、電気を止める、鍵を渡さない、エレベーターを使わせない……内装業者は作業が進まず困った。

「我が家の場合は自己所有だったので、ある程度は自由度もありましたが、通常のテナントさんはもう泣き寝入りで、皆さん、ちょっとしたことでも何百万も払ってらっしゃいました。私たちが出ていくときに、残っている方にご挨拶に伺ったんですが、これから先どうしたらいいのかと不安な面持ちでした」（芳江さん）

新築アパートを入居者付きで購入

小林さんが購入したのは都内にある1棟ものの新築アパートだ。

1Kと2Kの部屋があり、独身者が主な対象の7世帯が住む設計だ。

1棟なので、将来、古くなったときに、壊して新しく建てるもよし、土地だけを売却するもよし、建物ごと売却する選択肢もある。将来の状況に応じて、いろいろな出口戦略が考えられる。

売主は、新築、入居者募集、管理まで行っている不動産会社だ。

売主が建築から管理までをグループ会社で行うので、小林さん一家としては、購入のあと、管理の手間はかからない。不動産投資のいいところを感じられる物件だ。

売主がプロで保証も付いている。売主から直接購入したことで、仲介手数料の3％も不要だった。多角的に見てよい取引ができたと言える。

小林さん一家は、それまで付き合いのある不動産会社は3社ほどあった。関係は良好で、随時連絡はとっていた。Mビルの原状復帰の際も手伝いやアドバイスをくれたという。

「でも、不動産屋さんはテナントを紹介してくださる方であって、経営に関してはまったく有益な情報は得られませんでした」（芳江さん）

地主の悩みと不満

急変した銀行の態度

区分所有の2区画を売却し、**手付金が芳江さんの口座に振り込まれると、銀行や証券会社から頻繁に連絡がくるようになった。**

「このお金はどうお使いになるんでしょうか？ 目的はもう決まってらっしゃるんでしょうか？」

「もう決まっておりますので結構です」と断っても、電話は絶えずかかってくる。芳江さんは銀行の電話番号を「迷惑電話」として登録し、無視していた。それでも銀行は留守番電話にメッセージを残していた。

恵子さんにも、以前融資を断られていた担当者からも連絡がきた。資金の用途や売却した物件について質問され、今度は積極的に融資を申し出てきた。

芳江さんの銀行口座に区分所有の2区画を売却した代金が着金すると、大手M銀行の態度はさらに露骨になった。

他行への資金移動を渋る銀行

芳江さんはアパート購入のため、別の地方銀行から融資を受けていた。その融資と2区画の売却代金でアパートの決済を行う計画だったのだ。

そのため、大手M銀行の口座からその地方銀行への資金移動が必要だったが、大手M銀行はなかなか許可してくれなかった。

「インターネットバンキングじゃないとできません、と嘘をつかれたこともありました」（芳江さん）

ある日、芳江さんが銀行に行くと、奥から銀行員が駆け寄り「どうぞこちらへ」と個室に通された。

銀行員に取り囲まれ「このお金はどうされるのですか？　もう何か買われたの

ですか？」と、**床に膝をついて聞いてくる。**

銀行員は「何かありましたら、老後のことでも、何でも、何なりと言ってください」と芳江さんにすり寄ってきたが、「これまでの人生で人様に膝をつかれてものを言われたことなどないので、ぞっとしてしまった」と芳江さんは言う。

銀行は味方とは限らない

今、銀行は、地主か大手企業のサラリーマン、公務員の退職金にフォーカスしている。まとまった資金が動く瞬間はそれくらいだからだ。

芳江さんが銀行へ行くと、毎回違う人が3～4人、名刺を持ってくる。もう資産管理は子どもたちにまかせているのでやめてほしい、と伝えても電話は続いている。

彼らは決まって「お手伝いします」と言うが、これが何を意味しているのかをこの機会に考えてみていただきたい。

銀行によって設定額は違うが、親子間でも500万円や1000万円以上の資金を移動すると、「このお金は何に使うのか?」と問い合わせがくる。

銀行としては自分たちの利益になる金融商品を売りたいのだ。

例えば、銀行に預けた際の預金利率が0・002%である一方で、銀行がそのお金を企業に貸す利率は2・0~3・0%だ。

この差額は驚くほど大きい。実際には銀行に預けているわけではなく、貸していると考えるべきだ。銀行は私たちのお金を何十倍にもして使う。

多くの人は銀行だから安心だろう、大手だから安心だろうと思っているが、決してそうではない。

「私たちも、銀行=安全ってイメージがあって、善良な企業と思っていたんですが、でもあちらもご商売なんだな、というのはお付き合いしてみて実感したところです。損得勘定もある一つの企業なんだな、と実感しました」(恵子さん)

読者プレゼントのご案内

アンケート（裏面）にお答えいただいた方に
下記 ❶ ❷ のプレゼントをお届けします。

❶【全員】顧客向けに配布している情報誌『回帰』（2 種類）
❷【毎月抽選で 2 名様】書籍『地主の参謀』（松本隆宏著）
※当選の発表は発送をもってかえさせていただきます。

アンケートへのご回答は、裏面の必要事項をご記入いただき、FAX で送信していただくか、こちらの専用サイトをご利用のうえ、メールで送信してください。

※なお、ご回答いただきました読者の皆様方の個人情報は、本目的以外には一切使用いたしません。

▼ アンケート（※該当する項目を○で囲んでください）

Q1：この書籍をどのようにして知りましたか？（複数回答可）

• 書店　• 新聞　• インターネット　• 知人から
• その他 ＿＿＿＿＿＿＿＿＿＿

Q2：この書籍を読もうと思った理由は何ですか？（複数回答可）

• 自身も地主で興味が湧いたから
• 家族や知人からのすすめで
• 地主に関わる仕事をしており勉強のため
• その他 ＿＿＿＿＿＿＿＿＿＿

Q3：書籍の中で最も印象に残ったエピソードは？（複数回答可）

• エピソード1　• エピソード2　• エピソード3
• エピソード4　• エピソード5　• エピソード6

Q4：相続や不動産について相談する相手は？（複数回答可）

• 税理士　• 銀行　• 家族や親族　• 誰にも相談しない
• その他 ＿＿＿＿＿＿＿＿＿＿

Q5：書籍の感想、著者へのメッセージなど自由にご記入ください。

＿＿＿＿＿＿＿＿＿＿

＿＿＿＿＿＿＿＿＿＿

プレゼントのお届け先

ご住所	〒		
お名前		電話	

アンケート回答用：**FAX 03-6869-2408**

ライフマネジメント 株式会社
〒102-0094　東京都千代田区紀尾井町 3-31
TEL. 03-6869-3433

▶無料相談会のご案内：毎月、第2・第4金曜日に無料相談会を開催しています。詳細は右のリンク先へ。

「組み替える」という考え方

私が知るある家庭の話だ。

バブル期に、先代が金融機関に勧められて、郊外に3階建て、4階建てのマンションを3軒建てた。

どれも駅から徒歩20分の距離だった。3軒は競合状態になってしまった。価値は下落、しかも自身で管理していたので、管理状態はすこぶる悪かった。

先代が倒れ、引き継いだ息子たちは「うちの物件、こんなひどいのか」と、不動産が大嫌いになってしまった。

不動産を引き継がせることは悪いことではない。要はどういう物件にしておくか、ということだ。もしそれを組み替えて、綺麗な収益物件として引き継いでいたら、「不動産ってありがたい」と先代に感謝したに違いない。

問題のある不動産から収益を生む不動産へ

芳江さんは収益を生まなくなってしまった区分所有のテナントを売って、収益を生む都内のアパートを購入した。

単に売却して手放すよりも、収益物件と交換する選択をしたということだ。収益はもちろん、手間のかからない物件に替わった、という心理的効果も大きい。

「いろいろなご縁があって、あそこにたどり着いたんです。周りもみんな知っている方ですし、私が生きている間は、なんとか守っていきたいなと思っていましたし、売って、何か言われたら嫌だとも思っていたのですが、そんなことも言っていられない状況になってしまいました。でも結果的には、これが一番でしたね。もう少し早ければ、もっと早く気がつけば、とも思いますが……」(芳江さん)

「今思うと、もうちょっと早く松本さんに出会えて、もう少し早く決断できていれば、もう少しよい結果になったんじゃないか、って思っちゃうんです。前の物件と比べたら、コンパクトにはなりましたが、Mビルさんとの関係を続けながら、あの土地にしがみつくのと比較したら、やっぱり新たな道を選択することが、私たちにとってはベストだったな、と思います」（恵子さん）

私が参謀として地主の皆さんにいつもお伝えしているのは**「売って終わり」が一番よくない**ということだ。代々うまくいっているご家庭などでは、「売ったら買え」が家訓になっているところもある。

不動産を所有している地主家庭は裕福と見られがちだ。外からは裕福に見えるかもしれないが、実際はテナントや税金など頭を悩ませている問題は多い。

芳江さんは多くの人から「ビルを持っているんだから楽でしょ」と言われたが、実際は大変だった。確かに収益は入るが、それと同時に出費もある。だからこそ、賢く、不動産を活用する必要があるのだ。

Episode 2

〝銀行の都合〟に振り回された若い夫婦の3年間

田島家

父（先代）—— 母

万里江 —— 横井忠弘

田島家 系図

先代の頃――農業から不動産業に

先代は地域の名士

万里江さんの実家（田島家）は、東京に近いベッドタウンに広大な土地を持っており、万里江さんと夫の横井忠弘さん、万里江さんのお母さん、長男（幼児）の4人で静かに暮らしている。

先代は先祖代々地元で手広く農業をしており、近隣の土地を多く所有していた。先代は地域では知らぬ者のいない名士だった。学歴こそなかったが、優秀なことで知られる人物だった。

娘さんである万里江さんはこう懐かしむ。

「父はもともと農家に生まれて、姉2人、妹1人、男1人の4人きょうだいでした。頭がよくて、中学では市内でトップクラスだったらしいです。でも実家にお金がなかったので、中学卒業後、我慢して農家を継がなくてはならなくて、だから一人娘の私には、好きなことをさせてくれました」

先代は40代で会社を立ち上げ、所有する土地などを活用して、不動産業を始めた。使っていなかった広い土地を造成、倉庫を建てて貸し出したりした。

地元近くで「いい土地がある」と聞くと購入して、新築戸建て分譲住宅として売り出した。このビジネスモデルが得意だった。

バブル期——10億円の資産が35億円に

東京に近いこのあたりでは、バブル期は土地の評価額が3倍に膨れ上がった。10億円ほどだったものが、最高で35億円の値がついたという。

しかし、先代は先祖代々の土地を売らなかった。

「先祖代々の土地を手放したくないという人だったので、父は自分がもともと持っていた土地は、一つも売っていないんです」（万里江さん）

結局、土地は売らないまま、バブル経済は終わった。

先代はバブルで大儲けはしなかったが、地価の狂乱に踊らされて大損をすることもなかった。事業も暮らしぶりも堅実だった。

万里江さんは自身の少女時代を思い出してこう語る。

「農家だから土地が広いだけなのに、あそこはお金持ちだ、みたいな目で見られたりして、嫌な思いもしました。でも、うちは外食とか全然しなくて、家族でファミレスにも行ったことがなかったんです」

銀行への不信

先代と地元の銀行

先代は地元の地銀T銀行をメインバンクにしていた。リーマンショック（2008

年）の頃のことだ。

先代が所有している倉庫2棟には、大手自動車会社系列の子会社が入居していた。しかし、その会社は突然出ていってしまった。売上不振のため、倉庫の賃借契約を中途解約されてしまったのだ。

不景気のため次のテナントはなかなか決まらない。収入が途絶えた。ところが、2棟の倉庫を建てる際、その土地を担保にT銀行に1億円ほど借入があった。

先代は「利息は払い続けるから、次のテナントが入るまで元金の返済を待ってくれ」と頼んだが、T銀行は「これまで通り返済して」と先代に迫った。

先代は怒った。

「じゃあ、そちらに預けている預貯金を全部引き出して、まとめて1億、一気に返済してやる。それでいいだろう！」

先代はいずれ来る相続に備えて、妻と娘（万里江さんの母と万里江さん）名義でかなりの額の定期預金をしていた。

預金をかき集めれば、返せない額ではなかった。焦ったのはT銀行の支店長だ。

借入の元金が大きく減ると、銀行がとれる利息の額も大きく減ってしまう。

それまでうるさいほど催促してきたのに、「いや、それは止めてください」と黙った。結局はＴ銀行が折れて、元金返済は次のテナントが入るまで待ってもらうことになった。

倉庫の土地をパチンコ店に貸す

その土地を「借りたい」と申し出てきたのが、現在そこに立っているパチンコチェーン店だ。もともとあった2棟の倉庫は解体し更地にしていたが、パチンコ店はそこに自社で店舗を建てたいということだった。

二つの倉庫のうち、一つ分の借入金は他行で完済していた。二つ目の新しい倉庫のほうは、返済もかなり残っている状況ではあった。

倉庫を壊してパチンコ店が建てられると、先のＴ銀行から借りていた融資の担保である上物はなくなるので、Ｔ銀行は追加で担保を入れるように言ってきた。

先代がその土地をＴ銀行に根抵当を入れてから30年ほど経っていた。

「なぜそんなに担保が必要なのか？」
不思議に思った先代は銀行に訊いた。

驚くべき銀行のローカルルールが判明した。

「融資を受ける際の担保は、その当時あった2棟の倉庫＋土地でした。更地にしたため、倉庫分の評価がゼロになったので、その分、土地を担保に足してください、ということでした。評価額が足りなくなると、副担保という形で他にも担保を出してくださいというのは、銀行がよくやる方法みたいです」と万里江さん。

T銀行は、「上物が他人名義だと、土地の評価額がゼロになる」という。パチンコ店の上物は先代名義ではないので、その土地の評価額はゼロになってしまう。「担保が足りないから、お金で入れるか、他の土地を担保にするかになってしまう。銀行からするとやりやすいんでしょうね」（万里江さん）

評価額がゼロなら抵当を解除してくれればいい。しかし担保に取りっぱなしで解除してくれない。万が一何かがあった場合、銀行はその土地を全部自分のものにできる。抵当権がついているので、たとえ所有者でも勝手に売れない。融資も抵当権のある銀行に限られる。

これが、地主が事業を方向転換する際の足かせになる。

一部の地銀はこういう手法を常習的に使っている。これで揉める人は相当多い。

先代は仕方なく、T銀行に追加で土地を抵当に入れた。

パチンコ店はその後無事に建ち、現在、先代の事業を引き継いだ万里江さん夫妻が賃料収入を得ている。

突然やってきた相続

先代の逝去

万里江さんの父、つまり先代が亡くなったのは平成から令和になる平成31月2

月。81歳だった。

以前から具合が悪そうだったので家族は通院をすすめていたが、「頑固な性格で『俺は仕事があるから入院できねえんだ』って、絶対に入院してくれなくて。本当に体調がよくない、という日に、母と一緒に病院に行ったら、即入院。それから丸２日で亡くなってしまいました」（万里江さん）

急性腎炎だった。突然のことに皆が驚いた。

「まず困ったのは、家の資産や会社の資産を、誰も１００％は把握できていなかった、ということです」（万里江さん）

先代が亡くなる数年前から、一人娘である万里江さんは事務作業を手伝っていた。最低限の現状維持はできるようにはなっていたが、所有している土地の全体像は完全に把握できていなかった。まして、担保や権利がどうなっているかなどわからないことだらけだった。

相続税の支払い

万里江さんと私は数年前に知人の紹介でお会いしていたが、先代が亡くなった直後に、万里江さんから私にご連絡をいただいた。

「父が存命のときからお願いしていたら違ったと思うんですが、父は『俺がやるんだ、お前は心配するな』と頑固な人だったので、たぶん話を聞かないなと思って、そのときはお願いできないでいました」(万里江さん)

先代の生前であれば、不動産を買ったり、既存の土地を活用したり、いろいろな対策は考えられた。

地主の相続税対策

先代が多額のキャッシュを残したのは、自身が相続税に苦しめられた経験からだろうと万里江さんは言う。

「父の両親、私から見ると祖父と祖母は、4か月違いで亡くなっているんです。

祖父が２月で、祖母が６月。半年以内に２人分の相続税がドカンと来たので払いきれず、土地を担保に10年ローンを組んだ、と聞きました」

その返済がとても重かったという。先代は必死になって返済し、10年ローンを７年で完済した。

「父はご先祖様から受け継いだ土地は絶対に売らない、と決めていました。ローンの終わりが見えてきたら、もう全部完済するぞ！　とドカッと完済して。完済直後は銀行に１００万円も残っていなかったそうです」（万里江さん）

万里江さんの実家の手持ちは一時的に尽きたが、その後は不動産収入が入ってくるばかりになった。

「相続税で事業が傾いてしまう地主さんもいらっしゃると思います」（横井さん）

万里江さんの夫である横井さんがそう言うように、地主にとって相続税は大きな打撃となる。

しかし**相続が発生したあとでは、できることはほぼない。**

運よく払えたが、相続税対策の必要性を万里江さん夫妻は痛感した。

現在、先代の妻である万里江さんのお母さんの相続税対策をしており、おそらく何もしなければ数億円になるであろう相続税の節税も、ここ数年の取り組みにより大幅に軽減できている。

四十九日から返済を迫る銀行

分譲住宅プロジェクト

先代が不動産経営者として得意としたのは分譲住宅の販売だった。

亡くなったとき、先代は現役の経営者だった。地元で24棟の分譲住宅の造成が終わったばかりで、まだ半分以上が売れ残っていた。

そのプロジェクトの融資は地銀のS銀行であった。

その分譲住宅にかかる融資契約は、分譲住宅の売買が成約し、買主に引き渡しが完了したらその分の借入金を返済するという、１棟ずつの短期融資になっていた。

支払が滞っていたわけではないが、Ｓ銀行は、四十九日の頃から返済を迫ってきた。そして、「なかなか完済しないですね」と、金利を２・０％から２・５％に上げてきた。

万里江さんは多額の相続税で頭がいっぱいで、それどころではなかったという。

「考える余裕も与えられず、引き上げられてしまいました」（万里江さん）。

銀行は油断ならない。

万里江さんはそう思ったが、別途相談した銀行（都銀）は味方になってくれた。

「じつはこういうことがありました、とメガバンクのＭ銀行に話をしたら、上席の方が、それは足元を見られていますよ、と教えてくれました。これはいくらなんでも金利が高いから、せめて現状維持で、と交渉してみたらどうですか、と

交渉の仕方も教えてくださいました」（万里江さん）

その半年後、地銀のS銀行は再び金利を上げようとしてきたため、融資を先の地銀T銀行に借り換えた。

短期融資なので、次々に販売して、回していかなくてはならない。

「とにかく事業を止めてはならない」と、夫妻は残った新築分譲住宅を必死で売り切った。

この件を振り返って、万里江さんは言う。

「銀行が資産を見て、0・5％くらい上げても大丈夫だろう、と勝手に判断して、金利を上げられてしまったんだと思います。こっちは父が亡くなって間もないし、相続の渦中でいろいろ大変な時期でした。私が対応していましたが、足元を見られたんですよね」

所有地の活用

地主と弁護士

コロナ禍までは、パチンコ店の営業は順調だった。

しかし、コロナ禍では、パチンコ店も営業を停止しなくてはならなくなり、売上ゼロが続いた。

「賃料の値下げや、家賃を猶予してくれ、という話もありました。国からも賃料を下げろという通達が出ているものだから、猶予せざるを得ないですよね。でも、こちらも融資を受けているので、ゼロにすることはできません」（万里江さん）

一部だけでも払ってほしい、話し合いで妥協案を出すことになった。

「そこで弁護士さんに調整していただいたのは、大きかったですね」

ほとんどの地主は弁護士をつけていないが、私は顧問弁護士をつけることをすすめている。

訴訟したりされたりという機会は稀だろうが、地主の仕事のほとんどが契約をもとにしている。**交渉において弁護士を立て、判例や法律に則って厳正に対処するという姿勢を見せるだけで、相手は「下手なことはできない」と身構える。**

顧問弁護士の存在は圧倒的な安心感になる。

「当時はスポットでお願いしていたのですが、今はその方が顧問弁護士として、年間いくら、という契約でついてくれているので、何かあれば全部お願いしています」（横井さん）

弁護士の顧問料はかかるが、キャッシュフローを改善することで捻出できるはずだ。地主にとって費用対効果はかなりよいと言える。

介護施設とフィットネスジムのプロジェクト

私は「活用できていない土地を活かすことを考えましょう」と夫妻に提案した。

夫妻は、パチンコ店のすぐそばにも土地を所有していた。

そこで、最初にデベロッパーに声をかけて、土地活用のコンペティションを行い検討した結果、フィットネスジムの誘致が採用された。さらに、その奥にまだ用地が残っていたので、そこに介護施設を誘致するプロジェクトも立ち上がった。

介護施設やフィットネスジムなら住宅街にも建てられるし、近隣の方にも利用していただけるだろう、と夫妻は考えた。

しかし、障壁はあった。

その場所はパチンコ店の件で、Ｔ銀行からの要請で足りない根抵当を補うために追加で抵当に入れた土地だった。

土地が根抵当に入っているため、所有者でも簡単に使うことはできない。

夫妻はまず、根抵当の第一順位であるＴ銀行へ融資を頼んだ。

難航したのは介護施設だった。

「融資は大丈夫です」と担当者には言われ続けていた。

しかし、融資は却下された。T銀行は「担保の余力が足りない」という理由で、稟議が通らなかったのだ。

土地活用プロジェクト自体が危うくなった。

夫妻は、地元のT銀行と交渉を続けつつも、他行にも相談することにした。

T銀行からの借換えという形でうまくまとめられないか、と他行に話を持ち掛けた。

すると、どの銀行の担当者も首をひねって、「なぜこの条件で融資できないのかわからない」という。

事業性もいいし、評価も出ている。夫妻の総資産からしても問題はない。

「なぜ融資してもらえないのか?」

夫妻は地元のT銀行を問い詰めた。

回答はこうだった。

「パチンコ店の土地の評価額がゼロなので、後から入れた担保にすべての融資がつけ替わっている」

それで足りなくなってしまった、という理屈だった。

またもや、銀行のローカルルールを使われていたのだ。

他人名義の建物があると土地の評価はゼロになる、というルールは一般的ではない。あくまでＴ銀行の内部規定、ローカルルールだ。

もし、これが他行であれば、追加担保はいらなかった。フィットネスジムと介護施設はすんなり建てられたはずだ。

根抵当の勝手な利用

Ｔ銀行の融資が通らなかったことから、夫妻は介護施設の建築にあたっての融資はメガバンクのＭ銀行から受けることを考えた。そのため、対象地の根抵当の第一順位を、Ｔ銀行からメガバンクのＭ銀行にした。

夫妻がそう切り出すと、地元のＴ銀行はのらりくらりと話を逸らし、なんとか回避しようとした。

T銀行はやがて、「その土地を担保から外すのであれば、内金を入れてください」と言い出した。

その土地を外した分、担保が足りなくなるので、その差額を内金として入れてほしい、ということだ。

「では、内金はおいくらなんですか？」

夫妻が聞くと1か月も待たされ、出てきた金額はなんと1億4400万円。あまりにも高額だった。

現在パチンコ店になっている土地に倉庫が立っていた頃の融資が1億円弱残っていた。それにフィットネスジムの建物の融資と、合計でも融資総額は1億3900万円くらいのはずだった。

「要は、はみ出していたってことだったんです」と横井さんは言う。

「どうもT銀行の評価が厳しすぎるようで、枠をはみ出してしまう。融資総額とそのはみ出した分を内金としておさめないと根抵当権は解除できない、と言われました」

「私たちは、評価額とか、いくら足りないとか、全然聞かされていなくて、気づくとＴ銀行に勝手にがんじがらめにされていたんです。騙されたような気分になってしまって」（万里江さん）

Ｔ銀行の根抵当を外さなければならない。

夫妻はメガバンクのＭ銀行にこの件を相談した。もちろん、私も同席して交渉した。

Ｍ銀行は介護施設の話とは別途、パチンコ店に貸している土地の融資の借換えも引き受けるといった。

「Ｍ銀行は、建物が他人名義でも土地がちゃんとあるから、その分はきちんと評価します、と言ってくれました」（横井さん）

次に借換え交渉に取り組んだ。

Ｔ銀行は、他行のほうが借換え条件がよくても、必ず引き留めようとする。地主本人が交渉しようとすれば、さまざまな手練手管を使っただろう。

しかし、私が交渉にかかわっていたので、抵当権の付け替えなどさまざまな業務もスムーズに進んだ。

その後、介護施設は無事にオープンし、現在は地域のお年寄りで賑わっている。

銀行の決算期に振り回される

フィットネスジムのプロジェクトも、当初は抵当権第1位であるT銀行に話を持っていった。だが、T銀行の評価は他行の評価より2000万円も低かった。

本来はもっと融資できるはずだが、評価があまりに低過ぎることから、夫妻は、こちらもメガバンクのM銀行に借換えようと考えていた。

ところが、M銀行はM銀行で、ここに来て面倒なことを言い出した。フィットネス運営会社の信用調査が必要だと言う。

建物は地主(夫妻)が建て、フィットネスの運営は運営会社が行うが、銀行としては、安定してテナント料を支払えるかどうか、テナント側の決算書も調べなければならない。

結局、フィットネスジムについては、M銀行から融資を受ける話は頓挫した。

夫妻は、今度は地銀のS銀行に声をかけた。分譲の件では足元を見られたが、すでに支店長、担当者とも代わっていた。

話はトントン拍子に進んだが、雲行きが変わった。S銀行もまた自行の都合を押しつけてきた。

夫妻が声をかけたのは3月だった。

「こちらは急いではいません。年度をまたいで4月でもいいので、正しく評価額を出してほしいとお願いをしたんですが、3月末に決算があるので、それまでにどうにかしてくれ、って」と万里江さんは言う。

S銀行の本部が支店にプレッシャーをかけていた。S銀行としてはとにかく、決算はまたぎたくない。急遽、3月の最終週に手続きをすることになった。

最終的にこの土地活用プロジェクトは、介護施設の融資はメガバンクのM銀行、フィットネスジムの融資は地銀のS銀行で落ち着いた。

パチンコ店の追加担保の件で、「T銀行の根抵当にだまされた」という感情を持った夫妻だが、**使いようによって根抵当はとても便利だ**ということも理解している。

「銀行の根抵当を有効的に活用する方もいらっしゃるらしいです。次の融資がほしいが、ちょっと足りないというときに、根抵当からポッと補充したりすることもできるので。そういう利点はあるみたいですね」（万里江さん）

根抵当に入っているからいいだろうと、向こうも勝手に思っているのかもしれない。

「融資枠が余っていたらオーナーに報告をして、承諾を得てから、その枠を使用しますよね。例えば、融資枠が1億円で、今は8000万円しか使っていないとき、追加で何かやりたいとなったら、その枠の残りの2000万円分を使う、ということができるのですが、その2000万円を、オーナーの承諾なしに勝手にやると、たぶんこういう事態になるんですね。多くの地銀が常習的にやっているんじゃないでしょうか」（横井さん）

結局はコミュニケーションの問題だ。本来であれば銀行から「こうしましょう」「ああしましょう」と提案があり、話し合っていろいろ決めていくものだろう。しかし今回は、銀行側が融資を通すために、夫妻に何も伝えずに勝手にやっていた。

打ち合わせに**同席した私から見ても、報告の内容に辻褄が合っておらず、いろいろ隠ぺいしていることは明らかだった。**

T銀行のような**地銀に根抵当でがんじがらめにされて身動きがとれない地主が、じつはたくさんいる**のではないか。

このケースでは、夫妻の発想が柔らかく、交渉に私が同行していたので、いい形に落ち着いたが、多くの地主はそうではない。

「松本さんという参謀がいてくれたお陰で、銀行とも臆せずやりとりができるようになった」（横井さん夫妻）

銀行は「すべて同じ」ではない

「最後まで銀行さんに振り回され続けたんです」と万里江さんは言う。

一般的にはどの銀行も大差ないように考えられている。もちろん融資業務という大枠の仕事は同じだ。しかし細かいローカルルールが違う。得意分野もできることも違う。

夫妻はこの3年ほどの銀行とのやり取りでそれを実感した。

「地元のT銀行は運転資金のほうは比較的借りやすくて、不動産の融資には弱い。地銀のS銀行は不動産融資は借りやすいんですが、逆に運転資金は結構厳しめに見られます。メガバンクのM銀行は、金利は魅力的であるものの制約が多かった」（横井さん）

地元のT銀行のように、自分たちの手の内から出てほしくないと、地主を囲い込もうと動く銀行も少なくない。

支店のないエリアの土地を購入する際に、地銀から融資を受けようとすると、一時金などのローカルルールがまた足かせになる。

そういった事態を避けるため、意図的に営業範囲の広いメガバンクに声をかけたという事情もあった。

「結局は、その銀行の長所を拾っていくしかないですね。一つの銀行としか付き合っていないと、足元を見られて、いいようにされてしまう」（横井さん）

さらに事態を複雑にするのが、銀行側のローカルルールも都度変わっていくことだ。以前なら通った融資が通らなかったということも実際にある。

また、銀行の担当者がどれくらい仕事のできる人物か、というのも融資の通りやすさに大きく関わってくる。

逆に言えば、**銀行側のローカルルールの変動や銀行内の人事異動がプラスに働くことがある**、ということでもある。

「銀行の担当者は2～3年のスパンで代わります。次の担当者は感情やいきさつを引きずっていないので、『うちの銀行でお願いします』と腰を低くして来て

くれる。そこでお願いすると、結構頑張ってくれるんです」（万里江さん）

貸したお金を利息と共に返してもらうのが銀行の商売だ。土地が担保になる地主は、本来は最上の顧客であるはずだ。しかし、偏りのある内規や担当者の能力しだいで、融資が成立しないことがたびたびある。

これは地主にとっても銀行にとっても機会損失である。**融資を受けたい地主の資産の全体図をプロの目で見て、「余力があるから大丈夫だ」と銀行側にきちんと伝える、融資のエージェントというべき役割が必要とされている。**

新規物件の購入

新しい物件を近県に購入

前述の大型プロジェクトとは別に、既存物件の整理があった。駅前に所有していたビルやアパートなど、先代が購入したり建築したものだが、すでに年数を経て収益性の低かった不動産は売却した。

しかし、売って、現金として持っているだけでは収益は生まない。

私は参謀として、横井さん夫妻に新たな不動産事業に取り組むことをすすめた。

それも現在の住居から少し離れたところの物件を提案した。

地主が所有する土地はどうしても地元の界隈に集中しやすい。先祖代々所有していた土地だったり、買い足す場合も土地勘がある場所のほうが、管理しやすいという心理が働くからだ。

しかし、同じ場所ばかりの不動産を所有していると、その土地に自然災害など不測の事態が起きたら、全部の資産の価値が同時に下落してしまう。**エリアを変えて、複数の不動産を持つことがリスクヘッジになる。**

また、**物件の種類を同一にしないこともポイント**だ。例えば、所有する不動産がすべてテナント貸しだったとしたら、コロナ禍では大きな打撃を被っただろう。特に飲食業やサービス業は、時代の流行り廃りがある。「〇〇ブーム」は長くは続かないものである。

その意味では、居住系の収益物件の場合は、コロナ禍でも大きなダメージはなかった。なかには家賃を払えない入居者もいたかもしれないが、10室あったとしても、全部がそうなってしまうことは考えにくい。

私が夫妻に紹介した物件は、過去に夫の横井さんが住んでいたエリアに近かった。

「あのあたりいいね、と話していたら、松本さんから紹介があったんです」（万里江さん）

夫妻は近県の住宅街に土地を買って、新築マンションを建てた。

駅からの距離や面積といった条件はもちろん、ある有利な条件があった。

土地は底地と借地で権利が分かれているが、偶然、底地権を持っている人と借地権を持っている人が、同じタイミングで売りたいと言っていたのだ。こんなことはめったにない。また、こういった話はふつう個人には入ってこない。

あるハウスメーカーが自社で賃貸物件を建て、運営する目的で購入しようと商談していたが、予算面で折り合わず、計画が宙に浮いていた。それをそのまま夫妻が購入することになった。

権利関係が複雑だったこともあり、相場より安く購入できた。もし、マンションを建てずに土地を売ったとしても、かなりの利益が出ただろう。

夫妻はそのハウスメーカーに建築を依頼、管理も委託した。

ハウスメーカーとしては、入居者がいてくれて、経営が成り立てばそれでいい。

お互いの利害が一致した。

竣工したマンションは、エレベーターのついた5階建て。半分以上が1LDKで、ワンルームと比べれば少しゆったりとした間取りだ。

「ちょうどコロナ禍で、テレワークが始まったりして、部屋を広くしたい、広い部屋に住み替えたい、という人が増えてきた時期だったんです」(万里江さん)

在宅勤務の単身者を想定していたが、入居者は20~30代前半の若いカップルが中心だという。立地とおしゃれな雰囲気から、人気物件となった。

管理はプロに

私が関わっているお客様の物件は、基本すべて管理会社におまかせしている。

所有物件が自宅から近くて、なおかつインテリアや庭仕事が趣味ならばいいだろう。しかし通常は、**本業ではない管理に時間を割くよりも、お金で解決していったほうが合理的だ**からだ。

横井さん夫妻も同じ考えだ。

「自社管理だと、どうしても自分たちが時間を割いたり、社員を雇わなくてはならなくなります。何十棟も持っていればそれもいいかもしれませんが……それに、やはりいい場所を選んでいくと、同じ場所に一極集中では買えません。エリアがバラバラとなると、自社管理は現実的ではないですよね」（横井さん）

その後、夫妻はその近くに別の土地を買って、３階建ての賃貸マンションを建築した。繁華街に近いが、大通りからは一本入った道の静かな場所にある。

地主のあり方とは

数からしか質は生まれない

「資産防衛」というが、何もしないで守るだけでは、資産は間違いなくどんどん目減りしていく。

先祖から受け継いだ不動産を守り、それを活かすには、ただ所有しているのではなく、収益を得ていくことが必要だ。

例えば、税理士さんのアドバイスで、相続税対策として10億円のビルを1棟購入したとする。相続税は大幅に下がる。しかし1回の取引だけでは学べることはわずかだ。何度か不動産取引の回数が増えれば、不動産の見方や銀行融資など多くの経験が積まれる。そして、奥様やお子さんたちにもその経験や知見を伝えられる。

老子の言葉に『授人以魚 不如授人以漁』というものがある。「飢えた人に魚を与えるか、魚の釣り方を教えるか」という意味だ。

子や孫などの世代に遺すべきは、魚（＝土地）だけではない。釣り方（＝考え方やプロとの関わり方、力の借り方など）も引き継いでもらうべきだ。

不動産事業に向いているのはロジカルに考える人

私は「**不動産事業は感覚的な人よりも、ロジックが組み立てられる人のほうが向いている**」と考えている。

エンジニアだった理系の横井さんは、まさしく不動産事業をロジカルにとらえている。夫妻は今後も不動産事業でバランスを見ながら、守りつつ攻めていく方針だ。

「物価が上がっている以上、現金で置いておくわけにはいきません。かといって土地のまま置いていても資産を減らすことになります。でも、リスクをとると、リーマンショックみたいなことが起こったときに退場せざるを得なくなってしまう。その塩梅が難しいですね」と横井さんは言う。

私は、不動産案件を紹介するとき、「もし私が同じ資産を持っていたら投資したいか」という視点を大切にしている。

最近では、私の意見と横井さん夫妻の意見がほぼ一致するようになった。

夫妻の不動産に対する感覚がどんどん高まってきている。夫妻は私と話し合いながら、さまざまなことを学び、**不動産や借入などを中心に経営感覚のコツ**をつかんでいるのだ。

次の世代に遺すもの

夫妻のお子さんはまだ小さい。将来のためにできるだけ多くの選択肢を残してあげたいと言う。

「子どもには、自分の力で外の世界を見て、視野を拡げて、生き抜く力をつけてほしい。その一方で、父が私にしてくれたように、自由な時間と財産を遺してあげたいと思います」（万里江さん）

夫妻には末代まで頑なに財産を守り継いでもらわなければ、という感覚はない。子どもが引き継いだあとは、自由にしてもらえばいい、という考えだ。

しかし、残されたものが「よき状況」であれば、誰しも、父母が一生懸命守ってきた財産を引き継ぎたい、と思うものである。

Episode 3

複雑に絡んだ共有不動産からの卒業①

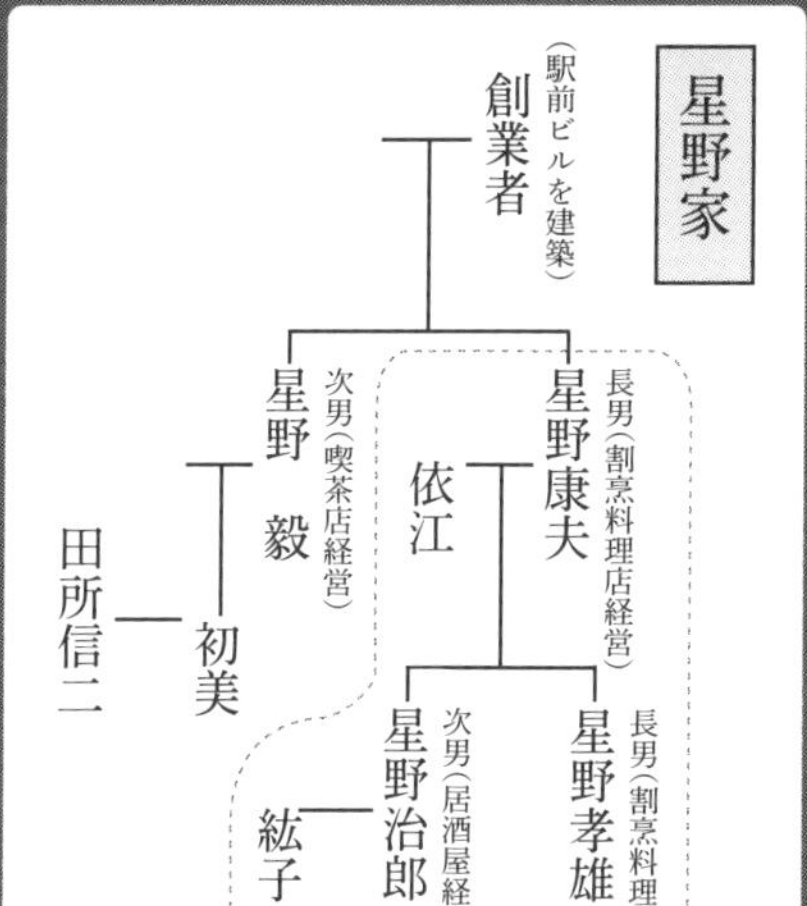

星野家 系図１

先々代が建てた駅前の商業ビル

線路わきで蕎麦屋を営んだ先々代

依頼者である紘子さんは50代女性。先代の息子、つまり先々代（創業者）の孫にあたる治郎さんと結婚して星野家に入った方である。

星野家の歴史を少し紐解いていこう。

第二次大戦直後の混乱期、星野家の先々代は、地方から東京近郊の商業地に出てきて、線路の踏切近くで蕎麦屋を始めた。

店は繁盛し、先々代は駅前に土地を買った。

先々代には息子が2人いた。

昭和30年代、息子たちは駅前の土地で飲食店を始めた。

長男（紘子さんの義父）は割烹料理店、次男は喫茶店を開いた。

場所は駅に近く、国鉄と私鉄の乗り換えで、多くの人通りがあった。競争相手も少なく、割烹料理店と喫茶店は地域の人なら知らない人がいないほどの繁盛店になった。割烹料理店は１００人も入れる宴会場があり、板前だけでも７〜８人いる大きな店だった。

「隣同士なら一緒にビルを建てたらいい。兄弟仲よく、それぞれの階で一緒にやったらいい」と先々代は考えた。

店舗兼住居だった2軒の建物を5階建ての商業ビルにした。自宅はそこから郊外に土地を買い、広い家を建てた。

昭和55年のことであった。当時は田んぼばかりの寂しい場所だったそうだが、今では住宅街になっている。

先々代が建てたビルの地下1階は長男が経営する割烹料理店、次男は2階で喫茶店を経営した。それ以外のフロアはすべてテナントとして貸した。

ワンフロアは約50坪。現在はコンビニが入っている1階にはビルを建てた当初から雑貨店がテナントとして入居した。このほか、美容院、歯科医院、エステなど、よいテナントが途切れることはなかった。

先々代が亡くなると、駅前ビルの所有権は、2人の息子が共同所有で引き継いだ。ビルの所有割合は2分の1ずつになった。

兄弟の仲は悪くなく、この時点では何の問題もなかった。

割烹料理店の隣で居酒屋も始める

紘子さんが結婚したのは昭和63年である。

「知り合った当初は、夫の実家が不動産を持っていることは知らなくて、結婚前に初めてビルを見せてもらって『わぁ〜、大きなビル!』とびっくりしたのをよく覚えています」

その頃、義父はビルの地下で割烹料理店を経営していた。

結婚後は紘子さんも子育てのかたわら手伝うことが多かった。

「でも、父はそろそろ息子たちに引き継ぐつもりでいたんだと思います」

義父は先見の明のある人だった。当時は「居酒屋ブーム」が始まろうとしていた時期だ。割烹料理店が仕入れたネタを使って居酒屋をやろう、と考えた義父は息子たちに営業形態を分けることを提案した。

地下1階の割烹料理店は2店舗に分かれた。紘子さんの夫の兄が割烹料理店を経営し、紘子さんの夫はその隣で居酒屋を営むことになった。しかし、経営母体はしばらく同一だった。紘子さんの夫は昼は割烹料理店で働き、夕方は5時から居酒屋を開けていた。

義父の死と相続

長男である夫の兄（紘子さんの義兄）は実家を出て暮らしていた。紘子さんの夫は次男だったが、紘子さんは夫の両親と一緒に住んでいた。

義父が亡くなったのは平成12年の夏だった。自宅で心筋梗塞を起こして倒れ、あっという間だった。まだ68歳だった。

所有権を承継した夫

幸いなことに借金はなかった。

問題は長男の兄と弟である紘子さんの夫、どちらが経営を継ぐのかだった。

義父が亡くなる1年ほど前のある日、突然「お前にこれを渡す」と、義父は紘子さんの夫に会社の印鑑や通帳、重要書類を預けた。

兄は職人肌で経営には向いていない、弟のお前のほうが経営に向いているから、というのが理由だった。

「親父がこれを託してくれたということは、自分が背負っていかなくてはならないんだ」と紘子さんの夫は覚悟した。

兄弟で一緒にやっていても、考え方や適性には違いがある。

義兄は腕のよい料理人で一本気なところがあった。

一方紘子さんの夫は、経営や投資に興味があった。

何度か話し合いがもたれた。

義母は「頼むよ、あんた、ちょっとのみ込んでくれ」と長男に頼んだ。

「おふくろがそう言うなら、嫌とは言えない」

義兄はさまざまな思いをのみ込んで、駅前ビルの所有権を弟に譲った。


最終的には、弟である紘子さんの夫が駅前ビルを相続することで決着をみた。

紘子さんの夫の母、つまり義母の考えは、財産を守るという観点では理にかなっている。


先々代が建てた駅前ビルは、紘子さんの義父とその弟さんの毅さんとで、まず2分の1になった。紘子さんの義父が亡くなって、息子であるご主人とお兄さんで分けるとさらに2分の1ずつ、当初の4分の1になってしまう。

土地もそうだが、**不動産は分けていくとどんどん小さくなって価値が下がっていく。**紘子さんの義母はそれを危惧していたのではないだろうか。

夫の急死

投資にも積極的な夫

紘子さんの夫は経営だけでなく、投資にも積極的だった。

「自分の商売をしながら、その商売の他にも、何かないかな？　といつも探していた人なんです」と紘子さんは言う。

投資対象としてワンルームマンションをいくつか購入した。早く売ってしまったものもあったが、3室は持ち続けていた。

ところが、働き盛りの夫は平成21年、45歳の若さで亡くなった。肝臓がんだった。もともとC型肝炎があり、治療は続けていたが、予感はあったという。

当時、息子さんは大学2年、娘さんは高校2年だった。

相続に関しては問題はなかった。駅前ビルの所有権など不動産は紘子さんが、現金や車などの動産は子どもたちが受け継いだ。配偶者控除などで、紘子さんの相続税はゼロ、子どもたちの相続税は動産を売却して支払い、いくらか残った。

「子どもたちももう20歳と16歳でしたので、こういう相続の制度だから、こういうふうにしたよと話しました」

居酒屋を引き継ぐ

夫を亡くした当時、紘子さんは45歳だった。

「お店を辞める、という選択肢が、どういうわけか出てこなかったんですよ」

と紘子さんは言う。「自分たちも頑張るので、お店は続けてください」と希望するアルバイトの要望もあった。

「夫は病気になってから、やはりいろいろ考えていたんだろうと思います。取引のある銀行や業者さん、税理士さんとのやり取りには必ず私を同席させていました。もし自分に何かあったら、と私を表に出すようにしてくれていたんです」

それでも、経営は素人だった。

「日々のお会計とかレジ締めとか、そういうのはできたのですが、経営や経理とかはわからない。税理士の先生に教えていただきながら、なんとかやっていました」

義母の相続問題

義理の母から養子縁組の申し出

紘子さんのご主人が亡くなったとき、紘子さんご一家は義母と同居していた。

ある日、義母から紘子さんに「養子縁組をして養女にならないか」という申し出があった。相続税対策ではなく、心情的に、側にいなくなってしまうのではないかという不安からだ。

「もしかしたら私が家を出て実家に帰ってしまうのではないか、と心配に思ったようなんです。でも、当時はまだ、受け入れる気持ちにはなれなくて、お断りしたんです」

しかし、ことあるごとに義母は養女の話を持ちかけた。

紘子さんは断り続けていたが、考えるようになった。

本格的に気が変わったのは義母の介護が必要になってからだ。

長男である義兄の妻は、同居していた次男の嫁である紘子さんに義母の世話をまかせていた。丸投げではなく、紘子さんがやりやすいようにサポートしてくれたのだという。

「病院や役所などの手続きでは、いつも私が一緒に行っていたんですが、嫁の立場だと、委任状を持っていかないと手続きできないんです」

義母は紘子さんに「娘になってくれれば、こんな手続きなんか簡単なのにね」と言い続けた。

「ここで養女になっておけば、何かあっても私のサイン一つで、手続きが簡単に済むんだ」と、数年かけて紘子さんの気持ちも変化していった。

養子縁組で養女になる

養女になるということは、相続の権利が発生する、ということだ。

紘子さんは嫁なので、本来であれば義母の相続には権利がない。

紘子さんが養女の話を受ける前の相続人は、①義母の長男である義兄が2分の1、②次男である紘子さんの夫の代襲相続人（※）となる子どもたち2分の1（2人が4分の1ずつ）だ。

自宅に住み続けられるのだろうか

このとき紘子さんはあることを考えていた。

義母亡き後、この家に住み続けられるだろうか、ということだ。

結婚以来ずっと住み続けていた家でそのまま暮らしたい。しかし法定相続人は義兄と、紘子さんの子どもたちだ。財産を分ける際に、子どもたちは家の権利を主張できるだろうか。

交渉になったら難しいだろう。年齢差もあるし、立場的には伯父と甥、姪だ。

「義兄と子どもたちがやり取りするのは、ちょっと大変かなと思いました。でも私は嫁なので、立場的には権利がないし、この話には入れない」

紘子さんは、慣れ親しんだ場所に住み続けたいという気持ちもあり、養子縁組を受けることにしたのだ。

紘子さんが養女になったことで、義母の法定相続人に紘子さんが加わった。

相続人は①義兄3分の1、②夫の子どもたち3分の1（2人が6分の1ずつ）、③紘子さん3分の1となった。

※親より先に子どもが死亡しているケースでは、親が亡くなったときは、子どもの子どもである「孫」が相続人になる。これを「代襲相続」という。

義兄に伝えなければならないが、紘子さんからは言いにくい。義母は「息子には私から話をしておくから、紘子さんからは何も言わなくていいよ」と言ってくれた。

紘子さんは義母から話してくれるなら安心だ、と思っていた。

最初の出会い

私が紘子さんと最初にお会いしたのは、その頃だった。私は紘子さんの地元の住宅会社が主催する相続税セミナーに、講師の1人として呼ばれていた。

「そのとき初めて、そういうセミナーに参加したんです」（紘子さん）

まだ義母はご存命だったが、いずれ来る相続を考えると、いろいろ不安になっていた。そんなところにセミナーの知らせをもらったのだという。

講演の休憩時間に、私は紘子さんに声をかけた。セミナーに参加される方のほとんどが、ご夫妻や親子で来ている方ばかりの中、1人で参加されていた紘子さんを見て「何かお話したそうだな」と感じたのだ。

その後、紘子さんとのやり取りは細く続いていた。本格的にご相談をいただいたのは、紘子さんの義母が亡くなって、その相続が落ち着いてからだった。

義母の死

病気を抱えていたが、長患いせずに義母は82歳で亡くなった。

「入院していましたが、家に帰りたいというので、最期は家で看取りました。大好きな家で好きなように暮らしてもらって、数か月、私としては精いっぱいやらせていただきました」

しかし、義母の死後にとんでもないことがわかった。義母は義兄に紘子さんが養女になった話をしていなかったのだ。

「俺はおふくろから何も聞いてないよ、知らない。そんなのとんでもないよ！」

当然ながら義兄は突っぱねた。

「逆の立場なら、私もそう思ったかもしれないと思います」

義母から頼まれた養子縁組だったことを説明したが、義兄の立場では納得がいくはずもない。

「私がもう少しきちんとお母さんに確認すればよかった」と紘子さんは後悔している。

「やはり嫁で入った人間ですから、自己主張していいのか、いけないのか。でも、自分と自分の子どもは守らなきゃいけないし、生活もありましたから。それに、お義母さんとは最後まで一緒に生活させてもらって、看取ったという自負が自分の中にはありました」

義母の相続財産は、実家の土地と預貯金が主なものだった。

紘子さんは、なるべく義兄の要望に従って遺産を分割した。結局、紘子さんは住んでいた自宅を相続した。角地の150坪ほどの一軒家である。

法人化と自宅の建て替え

義母の相続が落ちつき、約1年後の令和元年、紘子さんは私に連絡をくれた。「駅前ビルの税金が高い」というご相談だった。

法人化のメリット

所有する駅前ビルの名義が個人名義だったことが大きく影響していた。ビルの家賃収入が多いため、個人で支払う税金がかなり高くなってしまっていた。所有形態を法人に変えるとともに、工夫次第で税金は下がるはずだ。試しに検証してみると、結果、かなりの効果が出ることがわかった。

そのビルの共同所有者は、ビルの2階で喫茶店を経営していた毅さん、紘子さんの義理の叔父にあたる方だ。

2人は不動産収入をきれいに2分の1ずつ分けていた。

紘子さんの持ち分に節税効果があるということは、毅さんにも効果があるということだ。

私は毅さんに話をさせていただくことになった。話を聞いた毅さんは「うちもぜひ」ということで、個人から法人に所有権を動かした。

このあたりの顛末については、毅さんの家のエピソードとして次の章で紹介する。

法人化を阻む税理士

駅前ビルの所有権を個人所有から法人に移す。

じつは、紘子さんも共同所有者の毅さんも、以前からそれを考えており、税理士に相談もしていた。

「長いお付き合いで、主人の相続のときもお願いしてきました。何年も前から『先生、税金が大変だから、個人から法人に変えるのはどうなんでしょう?』と

相談していたんです。でも、その先生はやってくださらなかった」（紘子さん）

頼んで試算を出してもらったこともあるが、素人の紘子さんが見ても、「税理士はやりたくない」という思いがにじみ出るものだった。紘子さんは「それだけ難しいのかな、複雑なんだね」と息子さんと話していたという。

所有を法人に変えることによって、契約書のやり直しが発生する。紘子さんのビルのように関係者が多いと、その事務作業は膨大になる。

一度やれば大きな効果があるため、普通の感覚のある税理士なら必要性を感じてやってくれる。しかし、そういった作業に慣れていない税理士の場合、この例のように渋ることが少なくない。**税理士事務所の中で、不動産に詳しい事務所は決して多くない**ということである。

類は友を呼ぶ

なぜそうなってしまうのかというと、不動産に対する税理士の知識不足だ。

多くの税理士は企業の仕事をしている。前述のように不動産関係に詳しい人は少ない。

しかし、**税理士は地主から離れたがらない**。地主についていれば、**いずれ「相続」という、税理士にとって大きい仕事がその先に待っている**からだ。

医者が、産婦人科、皮膚科……と、専門科で分かれているように、税理士業も、経営、相続、不動産……などと専門で分かれるべきではないかと私は思う。

「いや、うちは専門家同士でチームを組んでいる」と反論する税理士もいるだろう。確かに紘子さんのケースでも、税理士は地元の不動産会社と組んでいた。そして、その不動産会社も税理士と同様に「法人化には節税効果がない」と言い張っていた。

類は友を呼ぶというが、同レベルが集まるのだ。

専門知識はあるかもしれないが、それは通常業務に必要な専門知識であり、地主のためのものではない。そんな「専門家」が集まっても、地主のメリットにはならない。

紘子さんが以前に売却を検討した際、当時の税理士や地元の不動産屋からは「そんなに高くは売れない、場所はいいが、買い叩かれて、もしかしたら財産が全部なくなるかもしれない」と言われたという。

現在の紘子さんの状況から振り返るとまったくの的外れだが、それほどに不動産に詳しい人が少ないということではないかと思う。

「その当時は、税理士の先生の言葉を信用するじゃないですか。このままずっと個人で持ち続けるしかないと思いました。でも、毎年こんなに税金払って、手元にお金が残らなくて、どうなっちゃうんだろう、と毎年毎年不安ばかりが頭をよぎっていました」

紘子さんは税理士を代えた。

自宅の建て替え、区分マンションの売却

駅前ビルの売却は数年単位の長期戦でじっくりと戦略を練っていた。

それと同時進行で、紘子さんは自宅の建て替えをし、続いて紘子さんの夫が購

入したマンションを売却した。

自宅は角地の150坪ほどの一軒家だった。

「家自体も、もう40年以上年経っていました。多いときは6人家族で住んでいたんですが、子どもたちが結婚して家を出て、私1人になって、この広い土地を1人ではちょっと、と思いまして」

以前から付き合いがあった税理士、不動産会社からは「ここからが大変だ。もう売却しかない」とずっと言われていた。紘子さんも、当初は土地を売却して、駅近くのマンションを買って暮らすことを考えていた。

「でも、子どもたちから、自分たちもここで生まれ育ったし、この土地はおじいちゃんからの土地だから残してほしい、って言われまして」

そこで、建て直しを決意した。

「でも、私からすると、決断するのも難しかったです。お義父さんとお義母さん、私の主人も、みんなここに住んでいた。この家、私が壊しちゃっていいのかしら……とか、いろいろな思いが巡りましたね」

紘子さんは自宅を低層マンションに建て替えた。

今、紘子さん自身はその一室で暮らしている。マンションはおしゃれな外観で間取りもよく、人気物件になっている。もちろん収益もよい。

駅前商業ビルの売却

共同所有のビル

駅前のビルは、2階で喫茶店を経営していた毅さん、地下で居酒屋を営む紘子さんとで半分ずつ共同所有していた。

買主が購入された後のことを考えて、構造は大丈夫か、メンテナンス費用を算出しながら、売却に向けて戦略を練っていた。

ビルの隣に、同じ外壁の同じようなビルがある。まるで1つのビルのように見えるが別の建物だ。屋上に上がると、別の建物であることがわかる。

隣のビルと同時期に建てたことによって、建ぺい率や容積率が緩和されていた。かつては大手が普通にやっていたことだ。これを建て替えると、今あるものより物理的にだいぶ小さな建物になってしまう。

そういった事情を考慮すると、建て替えという選択肢はなかった。

ビルを持ち続けた場合、今後どの程度の費用がかかるのかも算出した。

持ち続けるのが悪いわけではない。しかし、出ていくものはどんどん出ていく。それを理解したうえでなければ、持ち続ける決断も、売却する決断も難しいだろう。


古いビルはメンテナンスにコストがかかる。

その2年ほど前から、毎月というほど頻繁に何かしら修繕をしていた。

家賃収入は入ってはくるが、同時に出費も多かった。

最後の貯水槽の修繕交換には1000万円はかかる、と言われていた。

居酒屋を閉める

その頃、紘子さんはビルの地下でまだ居酒屋を営業していた。

「41年間営業していたので、皆さん、あ、あそこの居酒屋さん、そういえば行ったことあるとか、階段下りて、なんか居酒屋さんあったよね、って。結構そう言ってくださる方が多いんですよ」と紘子さんは言う。

しかし、令和3年10月、紘子さんは愛着のある居酒屋を閉める決断をした。

コロナ禍の打撃もあった。繁忙期と閑散期の差があり、これから年齢的に対応できるのかという不安、長くいる従業員の将来など総合的に考えた結果だった。

「このまま続けていてもいつかはこのビルを出るときが来る、ということで、タイミングを見て、お店を閉めると決めました」

叔父の死、従妹への引き継ぎ

別の店舗が入居していた頃から、「社長、ここの1階のテナントさんが出ることがあったら、ぜひ声かけてください」と大手コンビニチェーンからオファーがあり、紘子さんが閉店の準備を始めた際、その話が決まり、コンビニが入居することになった。

叔父の毅さんは大いに喜んでいた。しかし、コンビニが開店する前日に毅さんは倒れて入院、そのまま亡くなった。

叔父さんの所有分は、そのまま娘の初美さんが引き継いだ。

駅前ビルは紘子さんと初美さんが半分ずつ所有することになった。

老朽化が進み、大きな費用がかかる大規模な修繕が必要になってきた。2人は話し合い、ビルを売ってもいい、と決断した。

「お会いして、1~2年かけていろいろな話をしまして、私もあちらも、この先、子どもたちにまた同じような思いをさせるのは嫌なので、ここで終わりにしたいですね、という話になりました」(紘子さん)

ビルは入っているテナントによって、売却価格も違ってくる。いいテナントが入ったことで、ビルの価値は上がった。不動産市場も伸びてきていて売却には絶好のタイミングだった。

ビルの売却が完了

駅前ビルを売却できたのは、令和4年の8月。売却のタイミングは、数年の時間をかけて、ていねいに見極めた。不動産価格は時期によって変わるが、流れを注意して見ていれば、おおよそは読める。

個人が買える規模ではないが、場所がよいので、不動産業者が手を上げてくれた。結果、読みよりも、かなり上振れした価格で売却できた。

高く売れれば、次のステップも変わってくる。この売却の成功は、亡くなった人たちが応援してくださったのではないか、と紘子さんとも話したことがある。

先祖や家族から受け継いできた不動産は、売るには売る理由がある。売ると決めた以上、より高く売れる可能性を追求することが大切だ。

賃貸マンションへの資産の移行

新しいマンションの購入

不動産は「売って終わり」が一番よくない。紘子さんにも以前から「売った後は物件を買いましょう」という話をしていた。

紘子さんは令和4年9月、世田谷に収益性の高い居住用マンションを1棟購入した。要するにお金が出ていくばかりの古いビルを売り、別の土地を買って賃貸マンションを建てた、ということだ。

現在、別の場所にも土地を買って、もう1棟マンションを建てている。

賃貸マンションの魅力

マンションには分譲と賃貸とがある。

私がおすすめしているのは賃貸マンションだ。

分譲マンションを一室だけ買う区分所有のマンションは、複数持っていないとリスクの分散ができない。維持管理もかかるし、建て替えもできない。修繕や建物全体に何かあったときに、こちらに主導権がないので、積極的におすすめはしない。

1棟まるごと、土地込みで所有していれば、例えば「30年経ったら壊して別のものを建てよう」とか「そのまま売ろう」とか、後の出口が柔軟に考えられる。いろんな可能性を残しておけるのだ。

土地を持っていることは、資産を現金から土地に転換しているということだ。

例えば、土地を現金で購入し、そこに賃貸物件を借金で建てる場合、30年間のローンの返済分に入居者の家賃を充当でき、最終的には借金のない建物が手に入る。**土地は、絶対に消失しない。土地は現金に替えられるから、売れば元の資産が戻る。**この仕組みは素晴らしいと思う。

目下の物価上昇の状況で、現金を手元に持っていても資産は目減りする。よい土地を持っていれば、価値の減少はほとんど考えられない。手放せば元の資金が戻る。特に不動産の場合、相続税評価で言えば、1億円を現金で持っているよりも不動産にしたほうが評価は低くなる。

区分所有のマンションは他人にコントロールされる可能性があるが、土地は誰にもコントロールされない点も魅力だ。

「30年後には私はいないかもしれない。でも、子どもたちに選択肢を残してあげられる」と紘子さんは言う。

いくつかの選択肢を作ってあげることが大事なのだ。

ご先祖への感謝と次代への承継

困難だった売却と、これから目指す方向

紘子さんが駅前ビルの売却に至るまでには、困難なことも多かった。物件は特殊で、関係者も多く、テナントも関係していた。私は優秀な専門家とチームを組んで乗り切ったが、もし今回のチームメンバー以外で、誰が対処できただろうか。

現在はプロから見ても、理想的な方向に向かっている。

この状態は、数年前の紘子さんには想像すらできなかったかもしれない。だが、私はそのようなときが来ると予想していた。

どのようにしてこのような現状へ導いていくのか――それが私の仕事だと考

えていた。

「不動産っていいな」

将来的には、紘子さんのご長男やご長女が「不動産っていいな」と感じられるかどうかが引き継ぎのポイントだと考える。

地主の家庭は、先代や先々代など、前の世代が活躍したからこそ、他の人よりも不動産が多い。その不動産がよい状態に保たれていれば、次世代は、前の世代への感謝がより強くなる。

逆に、状態が悪い物件を多く相続すれば、「不動産は嫌だ」となる。良かれと思っておじいさんが建てたアパートが、相続してみるとボロボロで驚くべき状況だった、ということは少なくない。私はそういった事例を見てきた。

ご先祖様への感謝と、毅さんの遺言

「ご先祖様には本当に感謝しています」と紘子さんは言う。

紘子さんのことをとても可愛がってくれていた毅さんは、生前にこんなことを言っていたそうだ。

「一緒にやっているということは、鏡でお互いを見ているのと同じこと。どちらかがよくて、どちらかが悪いということではない。お互いを鏡として見て、仲よくやってほしい」

ご先祖様からすると、紘子さんと毅さんが、手を取り合っていることが一番喜ばしいことだろう。それが運を引き寄せているのではないかと私は思う。

相談に乗り始めた頃の紘子さんは、不安やストレスに押しつぶされそうな暗い表情だった。

「この5年間で不安やストレスが一つずつなくなっていった。今は吹っ切れた感があります。これ以上大変なことは、もうこの先ないだろう、という感じです」

紘子さんが明るくなって、いい決断ができるようになったことで、情報が集まりやすくなった。

子どもたちとも「この土地があるお陰」「おじいちゃんが駅前のビルを持っていたお陰」と話しているという。

「日々本当に感謝しています。今回携わってくれた松本さんを始めパートナーの方々がご尽力され、よき方向に導いていただいて……自分たちだけでは、絶対にこうはなっていなかったですね」と紘子さんは笑う。

相談者からそんな言葉をいただけたことは、地主の参謀冥利に尽きる。

Episode 4

複雑に絡んだ共有不動産からの卒業②

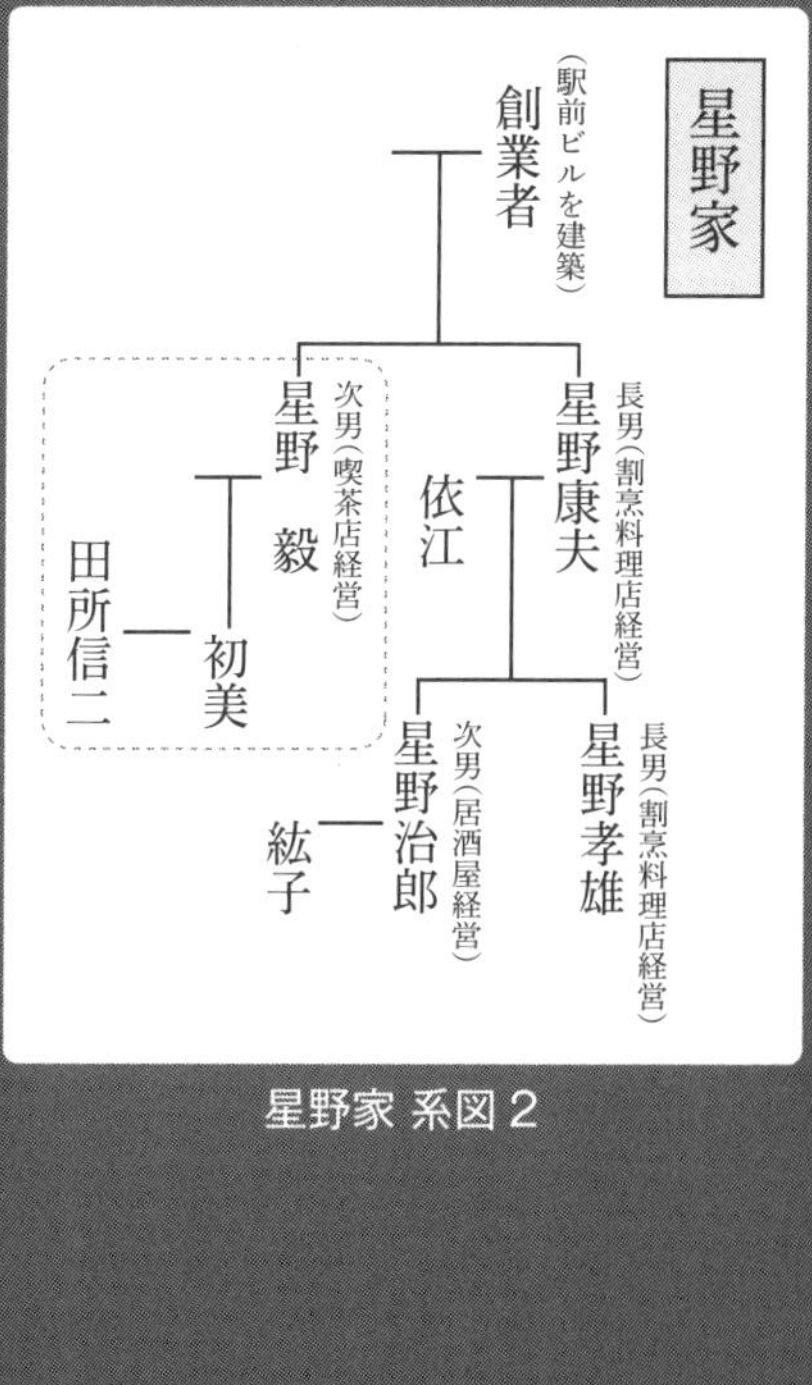

星野家 系図２

喫茶店の閉店

人気店だった喫茶店

先に紹介したエピソード3の紘子さんのストーリーに登場した、駅前ビル共同所有者・星野毅さんとその娘の初美さんからも私は相談を受けていた。

そこにはまた、別の物語があった。

初美さんは、駅前ビルを建てた先々代の孫である。

ビルが建つ前から、同じ場所で初美さんの父である毅さんは喫茶店を経営していた。その隣には父の兄・康夫さんが営む割烹料理店があり、裏にはお互いの住居があった。

初美さんは子ども時代から従兄弟たちと兄妹のように育った。

「あちらには従兄弟のお兄さん2人、私には兄が1人いますので、兄が3人いるような感じで、とても仲よくしていました」

従兄弟の弟にあたるのが、紘子さんのご主人・星野治郎さんだ。初美さんの祖父が亡くなり、初美さんの父と、その兄・康夫さん（紘子さんの義父）が、駅前ビルを半分ずつ引き継いだ。

初美さんの父が経営する喫茶店は2階のフロア全体を占めていた。レトロな雰囲気で、毎日常連で賑わっていた。初美さんもときどきホールを手伝い、親子で接客することもあった。

だが、店は惜しまれながら2014年に閉店した。ビルになる前から数えると、55年間も営業が続いた人気店だった。

個人所有のビルを法人化へ

税理士に相談するも解決策はなし

毅さんが店を閉めた後、別の喫茶店がテナントとして入った。

私が初美さんの父親である毅さんと初めて会ったのは、その喫茶店だった。紹介してくれたのは先のエピソードで登場した紘子さんだ。

紘子さんから相談を受けて、ビルの所有権を個人から法人化すると節税効果が高いというのがわかった。所有権の2分の1を持っている叔父の毅さんにも同じ効果があるため、毅さんとお話しする機会を設けていただいたのだ。

従来からの顧問税理士に相談しても解決策が出てこず、毅さんは私にそのことを話してくれた。

そこで、毅さん、私、私のパートナー税理士が同席して、毅さんに詳しく説明したのである。

その頃から、初美さんは母から経理を引き継ぐようになっていた。家業の手伝いというよりも、経営者としての引き継ぎだ。

「税金がかなり高くて、毎年ギリギリでした。この先、同じような形で続けていけるのかが不安で、父ともそのように話していました」（初美さん）

固定資産税だけでなく、所得税、住民税など、個人としての所得が多いため、売上はあるが、税金の支払いで目の前を通過していく、という感じだった。

「入っていたテナントも、居酒屋や麻雀屋など、集客がよかったようです。商業ビルの中でも、収入はよかったと思います。利益のほうはどうかわからないですが」（初美さんの夫・田所信二さん）

法人を活用することで、大きな効果が出る。

毅さんは、法人は持っていたが、不動産において法人をうまく活用できていいなかった。毅さんは経営感度が非常に高く、私の話に、すぐに効果が出る可能性を感じ取ってくれた。

「前からそういうことがやりたかったんだよ。やはり節税効果ありますよね」とおっしゃった。「ぜひこちらも進めてほしい」ということになった。

毅さんもずっと税理士に相談していたが、いい結果が得られていなかった。

経営改革に着手

兄の住まい

毅さんには息子、つまり初美さんのお兄さんがいるが、体調が悪いため、資産の管理や事業は初美さんが継ぐことになった。

そして、最初に取り組んだのは、初美さんのお兄さんが1人で住んでいた家の建て替えだ。

その家をマンションに建て替えたのである。初美さんの兄はそこで賃料収入を得ながらマンションの1室に住む。これで将来の不安要素がひとつ減った。

先代が倒れる

初美さんの父・毅さんが脳梗塞で倒れて病院に運ばれたのは2020年8月だった。兄の家をマンションに建て替えた後だった。猛暑の中、アパートに置いていた観葉植物に水をやりに行って倒れたのである。

その前から体調が思わしくなく、初美さん夫妻は「そんなのは私たちがやるから」と言っていたが、毅さんの性格でじっとしていられなかったのだろう。

コロナ禍だったので、緊急入院した毅さんには面会できなかった。

毅さんが倒れたとき、エピソード3の紘子さんの項でも書いたが、駅前ビルにコンビニエンスストアが入り、そのオープン直前だった。

法人化やビルのメンテナンスを進める一方で、毅さんは別の計画も進めていた。

現在、初美さん夫妻が1室を事務所として使っている新築のマンションだ。外観や壁の色も決まり、あとは内装の細かい打ち合わせと、契約の判を押せば着工できる、という段階だった。

タイミングの悪いことに、当時はコロナ禍だった。脳梗塞で倒れた父とは、親子といえども病院の許可がないと面会できない。

毅さんの自署でサインしてもらわないと契約ができない。最悪、このまま計画が宙に浮いてしまう恐れがあった。

施工会社は「少しでも意識のあるうちに、何とか面会できませんか」と迫った。初美さんは医師に「どうしてもこれだけは大事な話なので」と頼み込み、特別許可をもらって、業者と共に面会し、病室で判を押して、契約を締結した。

毅さんはデザインが好きだった。マンションのデザインを、あれがいい、これがいいと、自分で決めて着工を楽しみにしていた。

10月下旬。毅さんは83歳で亡くなった。相続人は初美さんと兄、母の3人だけで、特に揉めることはなかった。

駅前ビルの共同所有分は初美さんが相続した。

「法人を活用して、うまく相続対策を進めていてくれて、助かりました」（初美さんの夫・信二さん）

もしも**法人化せず、個人所有のままだったら、相続税は億単位になっていただろう。**駅前のビルは、初美さん、紘子さんの共同所有となった。

毅さんが病床にあって最期のとき、もう筆談しかできなかった毅さんは、「すべて松本さんにまかせなさい」と書いたメモを初美さんに渡したという。私はその話を聞いて涙を禁じえなかった。

賃貸マンションの売却を決意

毅さんは駅前ビルがある同じ駅の線路沿いに、5階建てのマンションを1棟購入し、所有していた。マンション1階はテナントで、2階以上には各階3部屋がある。エレベーターはない。

新築から約40年経過していたが、管理は毅さんが行っていた。パワフルでバイタリティがあった毅さんは「自分でやれば管理費用がかからない」と考えていたのだ。

しかし、水回りの問題など、夜中でもひんぱんに電話がくる状況だった。さすがに年をとってからはきつかったようだ。

初美さんのご主人は、そのときはまだ会社勤めをしていた。これを引き継ぐのかと頭を悩ませていた。

問題の多い駅前商業ビル

現状維持の問題点とランニングコスト

このマンションはかなり老朽化しており、管理にかなりのストレスがかかっていたうえ、建て替えのできる建物ではなかった。

正確に言えば、建て替えは物理的には不可能ではない。しかし立ち退き料がかかるうえ、ＲＣ造なので解体費用も大きい。建て替えの間はお金の流れが止まることもあわせて、個人で建て替えるのは現実的ではない。現状のまま売却して、他の物件を買うほうが有利だ。

「自分たちのような素人がやって、何もわからないままボロボロになるよりは、プロにおまかせして、メンテナンス、改修とも適切に行い、売却をするほうがいいのではないかと思いました」（初美さん）

初美さん夫妻は売却を決意した。

このマンションは、２０２１年、駅前ビルの売却が完了する前に売却できた。市場的にも値上がりのタイミングだった。

ビルの老朽化

所有権の半分を持っていた駅前の商業ビルに関しては、私から見ても、管理会社にまかせる範囲が少ないのではないかという印象があった。

「エレベーターなどの電気関係、部屋の天井から水が漏れたといった貯水槽関係とか……連絡があるたび先代はその場に駆けつけて、業者を自ら手配して動いていました」（初美さんの夫・信二さん）

管理会社には清掃や消防や電気など法定点検といった必要最低限の管理のみお願いして、自分でできることは自分で行っていた。

管理会社からは、ときどき改修の提案があった。しかし先代は「あと何年か我慢できるなら、今はしない」と先延ばしにしていたこともあった。

税負担が重くのしかかっていたため、管理にあまりお金をかけられなかったという事情もあっただろう。

しかし、飲食店は土日休みもない。なかにはほぼ24時間営業のテナントもあり、寝ている時間でも関係なかった。

「対応が遅くなって、被害が大きくなれば、家賃と相殺するか、お金で持っていくのか、そういうこともテナントと話したりしていました」

地主はゆったりと家賃収入を得られる身分だと思われがちだが、先代も、それを引き継いだ初美さん夫妻も、心が休まるときがなかった。

大きなストレスに苛まれた相続人

のしかかる大きな責任

その頃、初美さんは大きなストレスに悩まされていた。

父の毅さんが遺した財産を守りたいとの思いはあるが、兄は体調の関係もあり相談もできない。

「責任が全部私にのしかかっていました。物件の一つひとつが大きかったので、どう維持していけばいいか不安で。特に税金面がこわかった。これからどうやっていけばいいいか、本当に困っていました」

そのうえ、母親の介護があった。

「ちょうど母の介護と重なってしまって、母のことも考えなくてはいけないし、仕事のほうもどうするかって、両方とも抱えてしまっていました」

「妻は母親の介護をしながら、ビルやマンションのことをやったりしてました。それでは身体がもたないですよね。日によって、今日は介護だけやってもらって、ビルは全部こっちがやっておくからと、そんなふうに役割分担をしながら乗り切りました」

初美さんのご主人はご自身にも仕事があり、初美さんの兄がいることから、当初は様子を見ていたが、この頃から少しずつ打ち合わせに加わるようになった。

夫婦協力して乗り切る

兄の住み替え、父親の死と相続、賃貸マンションの売却、ビルの売却、マンションの新築が次々とやってきた。

当時を振り返って「ほぼ同時進行で動いていましたね。引き渡しの時期に、いろいろと重なったんですよね」と初美さんの夫は言う。

「それは松本さんにおまかせすればいいんじゃないとか、やることをやったらあとは悩まなくてもいいんだから、などと話をして、なるべくストレスというかプレッシャーを肩からおろすようにしてあげる、と心がけていた時期がありました」

駅前商業ビルの売却

売却への決意

共同所有者の紘子さん、毅さんで話し合いを続けている間に、1階のテナントが替わった。1階にコンビニがあるというのは、商業ビルとしてはイメージもよくなり、価値も上がる。

毅さんが倒れたのはそのコンビニのオープン直前だった。毅さんは元気な頃、駅前のビルを継いで、守って孫に遺してほしい、と言っていたという。

初美さんも夫も、当初はそのつもりだった。

しかし、**どんな建物も老朽化していく**。

ビルの管理は多岐にわたる。エレベーター、電気の配線盤、貯水槽、汚水槽など、素人には難易度が高いものばかりだ。

初美さん夫妻と紘子さんはテナントに昼夜を問わず呼び出され、管理の大変さに悲鳴を上げていた。駅前ビルはメンテナンスに大きなコストがかかっていた。

このまま持ち続けるとどうなるのか。持ち続ける場合のこともシミュレーションした。

メンテナンスの大変さから、夫妻の気持ちも変わってきた。

「ビルにとって一番いいのはどういうことだろうか？　と考えてみたときに、はたして、自分たちがずっとビルにしがみついていていいのだろうか、というのを感じました」と夫妻は言う。

両家の足並みをそろえることが私の役割でもあった。両家の間に入ってクッション役、調整役を担うことである。

初美さん夫妻と紘子さんは、私や専門家を交えて何度も話し合いを続けた。

「提案があって、両方とも、ちょうどここらが頃合いなのかな、と気持ちが固まったんでしょうね」（初美さん）

「本当に、当事者同士のタイミングがよかった、というのですかね。どちらかだけがよくても、どっちかがその時期じゃない、ってこともあり得た」（初美さんの夫・信二さん）

最終的には「これを子どもたちに遺していいのか」とお互いの意見が一致した。受け継いできた財産は大切にすべきだが、その財産が次の代に迷惑をかけるようであれば、どこかで決意しなければならない。

物件の価値を上げて売却

通常売主さんは、都合の悪いことは全部隠したがる。しかし、地盤調査や耐震検査などを先んじて行い、買主の不安を払拭することが大事だ。

本件については、費用をかけて耐震診断をしっかり行った。

そのうえで入札を行い、売却金額を決定した。

こういった商業ビルを買うのは、同じようなビルを複数所有していている企業がほとんどだ。管理にしてもノウハウが確立している。

プロにまかせて、古いビルを再生するほうが、大切にしていたビルを守っていくことにつながるのではないだろうか。

「お父さんに、頼むよ、と言われました。それと、意味はちょっと変わるかもしれませんが、自分たちがうまく管理できずにボロボロにしてしまうよりは、ちゃんと管理してくれる会社さんにおまかせするほうが、ビルにとっても一番長く、生き永らえる方法なのかもしれない、と私は思いました」（初美さん）

通常は古くなれば安くなる。しかし入っているテナントや、世の中の情勢によって不動産相場は変わる。そういう意味でも、このケースはうまいタイミングで売り抜けたと言える。

アパート経営

都心にアパートを購入

信二さん・初美さん夫妻は、その後、都内の中心部に2棟のアパートを購入した。ひとつの土地を分筆して2棟にしたものだった。

建て替えて1棟にして、敷地面積最大限で建てれば、もっと部屋数がとれる。都心の駅近くなので、駐車場も必要ない。

満室状態のものを購入し、オーナーだけが信二さん・初美さん夫妻に代わった、という形だ。入居者が全室埋まっている状態なので安心だ。

そのまま引き続き、同じ管理会社が担当している。オーナーが代わっただけで、入居者も何も変わっていない。

管理やメンテナンスはグループ会社が担当しているので、もし売却するとしても、状態は良好で売りやすいはずだ。

しかも半分を担保にして、あとの半分は何かのときに活用できる。

面積も広く、立地もよいので将来売るもよし、建て替えるもよし。多様な選択肢がある堅実な収益物件だ。

「これはもう、ご案内いただいた物件がよかったです。自分は足も使わずに、お話を伺っていただけです」と信二さんは言う。

銀行との交渉――担保の余力を残しておく

物件購入の資金調達については、金融機関によって物件評価や担保余力の判断基準は異なる。

今回は2棟購入したが、担保の設定が問題だった。通常、2棟とも担保にするが、できれば1棟は外したい。それにより、資金の柔軟性が保たれる。

「1棟だけならキャッシュで支払える状態でした。すると1棟をキャッシュで支払い、もう1棟を担保に入れるのはどうか、と。松本さんが考えてくれました」（信二さん）

銀行は通常、両方の物件を担保に取りたがる。今回はその必要はないと判断し、銀行と交渉した。

人間の心理として、自分のことで銀行と交渉するのは難しいが、人のことであれば交渉しやすい。この点でも私は**エージェントの必要性**を感じている。

「私たちは素人なので、そういうものです、と言われたら、はいと言うしかないですよね。でも、松本さんは、いや、そんなことないでしょう、と言って、銀行との交渉もしてくれる。私たちは、松本さんにご提案いただいた方法でやって

いけば間違いないと思っているんです」（信二さん）
銀行との交渉はスムーズに進んだ。
担保は1棟で済み、資金の柔軟性が得られた。緊急な資金調達の必要はないが、もう1棟は何かのときに担保として活用できる。これは大きい。

優良物件をどう安く買うか

アパートは周辺環境など立地が大切だ。静かな環境で日当たりがよく、駅近、そういった**優良物件をどうやって安く買うかが不動産経営の成否を分ける**。

だが、よく探しても、そういった物件はなかなか市場に出てこない。市場に出す前に、プロ同士の紹介で購入者が決まってしまうからだ。

不動産会社からすると、初美さんたちもそうだが、私の周りにはよい買主になる方が多い。融資が通らないことはまずないし、私のマインドを皆さん理解している。この人に売りたいと思わせる人たちだ。

そのため物件が売りに出る前か、売りに出てすぐのタイミングで私に知らせがくる。

「不動産を買うには勇気がいります。500円とか1000円の買い物なら失敗しても諦めがつきますが、ゼロが三つも四つも違うので、失敗できない。信頼できる人の話を聞いてやっていくしかないですよね。本当によい方と繋がることができたな、と思います」（信二さん）

出口戦略を考える

木造アパートの魅力は柔軟な「出口戦略」が考えられる点だ。

2棟のうち1棟を売ってもいいし、両方を建て替えて大きな物件にしてもいい。もし子どもたちがその場所で住むと希望すれば、3階建てにして賃貸と自宅を併用することも考えられる。極端な話、更地にして土地売りもできる。

「**身動きがとれる不動産**」だ。

ただこれは、木造もしくは軽量鉄骨だからできることで、RC造（鉄筋コンクリート）では不可能だ。

初美さんの夫は、大学の建築学科を出ている。

「大学の授業を思い出しました。まさか学生時代の知識がこんなふうに役に立つ日がくるとは思いませんでした」

不動産は、出口戦略が何よりも大事だと私は思う。目先の儲けよりも、資産は「徐々に」増えていくのが望ましい。将来性が重要だ。たとえたくさんの現金が入ってきても、すぐに出ていってしまっては、意味がない。

サポートしてくれる士業や業者

地主のもとにはいろいろな営業がやってくる。なかには地主の資金や土地を狙っている人も少なくない。

「松本さんのお話を聞いて、そうか、と思うのもそうだし、松本さんからご紹介いただいたマンションも、こんないい物件なんてないですよね。全部人の繋がりですよね。どこかいいものありませんかって、自分で汗水垂らして探しても見つけられない。たとえいいのがあったと思っても、それが本当にいい物件なのかは判断できない。松本さんの紹介があればこそ、です」と、初美さんの夫は言ってくれる。

初美さんも「松本さんに紹介していただいた方が、皆さん素晴らしい方で、面倒見がすごくいいというのですか、本当に親身になって聞いてくださる。また、税理士さんも本当に話を聞いてくださる方なので、安心していられます」と肩の荷をおろすことができた。

地主をサポートする専門チームが必要

当たり前のことだが、私は、信頼してくれる地主さんの期待に応えるため、参謀としてよりよいアドバイスができるよう日々学んでいる。

しかし、私自身がどんなに知識を蓄えたとしても、１人でできる仕事は限られている。協力し合うチームが必要だ。

私の自慢は、私の周囲にいる専門家の有能さと誠実さだ。私がハブとなって、必要に応じて声をかける専門家は、専門知識はもちろん、経験知、発想の柔軟性、仕事に対する使命感など、高い意識をもって取り組んでいる。地主をサポートすることについて、頼もしい仲間の存在にいつも感謝している。

お2人を、頼れる専門家が守っているのだ。

「だいぶ楽になりました。安心していられます。松本さんのお陰です。心配事があると、すぐに何でも応えてくれて、すぐにご連絡くださって、本当に助かっています」

「売却の仲介に関わってくださった方が、本当によくしてくださった。基礎的なことから専門的なことまで何でも相談させていただいていました」

地主の参謀として、初美さん夫妻の信頼に応えられたことを嬉しく思う。

孫に感謝される未来へ

古いマンションや駅前のビルを所有していた頃、いつ爆発するかわからない爆弾を抱えるような状態だった。

売却によって、この爆弾をもっとうまく扱える他の人に託し、大きな収益を得た。税金は多くかかったが、余剰資金もある。この資金を使い、自分たちで収支をコントロールすることが可能になった。

資金をどう活かそうかと夫婦で話し合えるようになった。

「税金も問題なく支払えるようになりましたし、まとまった金額が安定して入ってくるので、将来的なことも徐々に考えられるようになってきました。やっと、お金の出入りが落ち着いて、長年の夢だった自宅のリフォームができました」と初美さんの夫は言う。

これからは、ゆったりと快適に過ごしたいと思っているそうだ。

子どもたちには自分の好きなことを頑張ってほしいし、困ったときは手助けできる親でありたいと考えている。

娘さんはまだ一緒に住んでいるが、息子さんは婚約者と住んでいる。

周囲ではそろそろ孫が誕生している友人もいるそうだ。

「私たちも、もしかしたら近いうちに孫に会えるかもしれません」

夫妻は、将来を楽しみに思い描いている。

将来、お子さんやお孫さんは、お2人が東京の中心地に素晴らしい物件を購入したことを、きっと感謝するだろう。

初美さん夫妻は、現在の状況は、先代が築いてくれたものだ、という。

「今、自分たちが置かれている環境は、先代が頑張ってくれたお陰で、本当に感謝しています。私たちは、それを活かしながら、次の世代にもよい形で引き継いでいきたいです。父の志の熱さ、高さをいつも目の当たりにしていたので、父のように、そういう気持ちを大事にしたいと思っています」（初美さん）

初美さんの事務所には、小さな仏壇がある。私は訪れるたびに先代の毅さんにご挨拶している。

今の状況を、娘の初美さんを可愛がっていた先代はきっと喜んで見守ってくださっているだろう。

Episode 5

税理士と銀行に振り回された姉妹の不動産経営

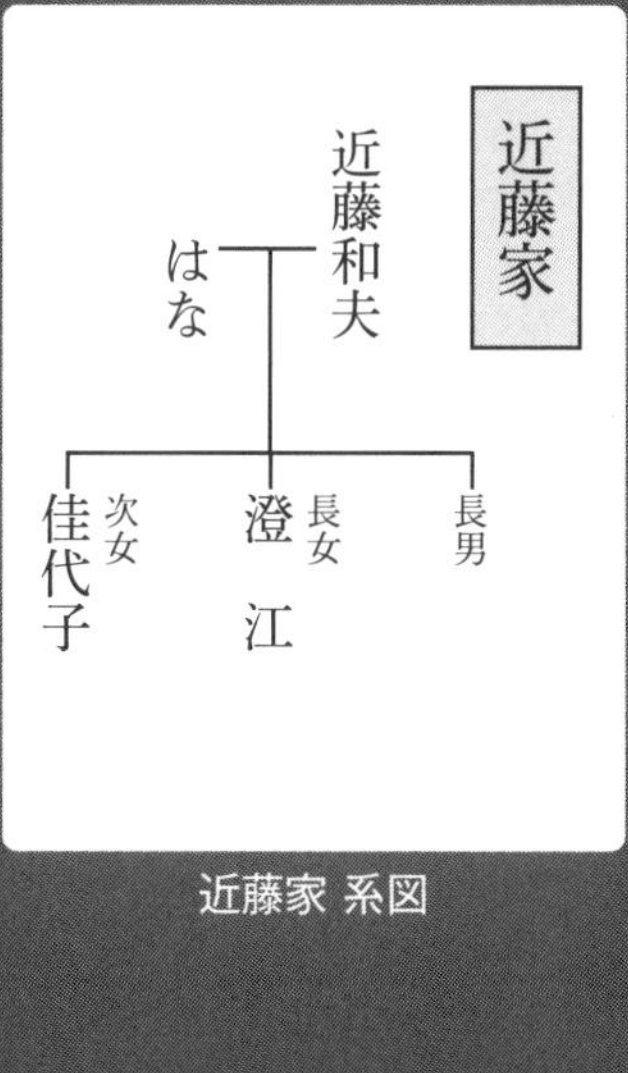

近藤家 系図

古くからの農家

姉妹2人で不動産を管理

依頼者である近藤家の澄江さんと佳代子さん姉妹とは、ある生命保険会社の紹介で出会った。

彼女たちは、代々農業を営む地主の家に生まれた。

澄江さんは60代、佳代子さんは50代だ。2人とも独身で、自分の仕事をしながら、両親の面倒を見つつ、畑仕事も手伝っている。

姉の澄江さんは両親と同居し、家の雑務も担っている。近隣に住んでいる妹の佳代子さんも、実家に頻繁に足を運んでいる。

姉妹の母親はかつて脳梗塞を患ったが、現在は自分で身の回りのことができるまでに回復している。

父親はすでに90代だが、今も畑に出ている。

現在は姉妹2人が近藤家の財産を管理している。

長男が跡継ぎになるはずだったが…

近藤家には、澄江さんの弟で佳代子さんの兄にあたる長男がいる。

もともと父親は「財産は跡継ぎの長男だけが相続すべき」として、姉妹には遺留分だけ与えるつもりでいた。

そのため姉妹は、経済的には親から独立して生計を立ててきた。

姉妹によると、長男は変わったところのある人だった。

「兄妹なのに、兄は私に兄らしきことを何もしてくれませんでした。だから私は兄の結婚式には参加しませんでした。その頃からずっと兄とは対立していました」（佳代子さん）

姉妹の実家は、2階建てで建坪は1階が30坪、2階が20坪程度。

父は、3世代住まいを前提としてこの家を建てた。

長男に跡継ぎとしてこの家に入ってもらい、一緒に暮らすつもりでいた。だから長男には援助も惜しまなかった。

ところが長男は、別のところに住むつもりでいた。

「どこに家を建ててくれるのか？」と長男は父に新居をねだった。

「せっかく同居するためにこの家を建てたのに、なぜ別に家を建てなければならないのか！」と父は激怒した。


そんな諍いの最中に、母親が脳梗塞で倒れ入院した。だが、長男はそれを意に介さなかった。

姉妹は、長男も長男の妻も、両親に対して愛情がないと思った。

「兄はもらうものをもらったら、介護はしないで放り投げる。母が施設に入れられることは目に見えていた」と佳代子さんは言う。

介護施設が悪いわけではないが、長男の利己的な態度は父をさらに頑なにさせた。

「長男にはもう何も継がせない、財産は姉妹2人にまかせる」と父親は決めた。

古い言葉でいうと、長男を「勘当」したのだ。

いくら「相続させたくない」といっても、現実には遺留分がある。

姉妹が計算したところ、長男の遺留分は数千万円だった。

「兄が受け取るべき相続部分は、誠実に法律に基づいて分けたいと思っています」（佳代子さん）

「弟が関西に住んでいることを考えると、家を建てることも可能ですよね。私たち姉妹としては、そのお金を渡して終わりにしたい」（澄江さん）

本当は長男を含めた3人でうまくやっていくのが一番だと思いながら、今のところ姉妹は、長男とあまり関わりを持ちたくないと思っている。けれども、両親の孫にあたる甥や姪に対しては、会えば普通に接するようにしている。

代替わり

地主の家同士の結婚

母親の実家はもともと地主だった。父親が地主であった近藤家に婿入りした形だが、父親もやはり地主の家の息子だった。つまり地主の家同士の結婚だった。その頃は、事業は農業だけだった。田んぼや畑として多くの土地を貸していた。やがて近隣の開発で土地を農地としてではなく、倉庫や駐車場として貸すことも増えていった。

姉妹で資産管理

5年ほど前に、金銭面を取り仕切っていた母親が脳梗塞で倒れた。

その後、近藤家の財産管理は姉妹が行うことになった。
「父は銀行でお金を引き出すこともしないタイプの人でした。それなのにいろいろと不動産は持っていて、でも、その話はしたくない、という感じでした」（佳代子さん）
不動産については、これまで何も説明がなく、母が病気になって手続きが必要になるまで、姉妹はまったく何も知らされていなかった。
資産を把握するのに、かなり時間がかかった。
「2～3か月、まるで泥棒のように、家の中を探し回りました」（澄江さん）
書類を確かめるだけだったが、確定申告の書類だけで何十年分もあり、通帳や土地の権利書など重要書類はどこにあるのか見当もつかなかった。
一見わからないように、とても大切にしまい込まれていたのだ。

資産の多さに驚く

最終的に必要な書類は全部見つかった。借金などは一切なかったことに姉妹は安堵した。

それと同時に財産の多さにも驚いた。

両親はまったく贅沢をすることはなかった。外食もほとんどせず、たまに親戚が経営する鰻屋で知人をもてなす程度。服装も質素だった。

「冠婚葬祭などで父がちゃんとした格好をすると、ふだんとのギャップが大きくてみんな驚くんです。ふだんは路上生活の人と変わらないような恰好をしているので」(澄江さん)

「あんな質素な暮らしをして、こんな財産を作ってくれたのか、と思いました」(佳代子さん)

遺言書作成

一方で、書類をよく見てみると、非常に不利な内容の契約もあった。

このままでは将来、相続で大変なことになる。姉妹は「これは、ちゃんとした人に見てもらわないと困る」と話し合った。

姉妹は付き合いのあった保険会社の人を通して私に相談がきた。

「松本先生を紹介していただいて、これがご縁だろう、と思いまして。お会いしたときの雰囲気も、安心できたんですね」


当初の姉妹の懸念は今後の方針だった。

私は父親の遺言書の作成から協力することになった。

遺言は、「長男には受け継がせず、姉妹2人で受け継ぐ」ということを明確にするためのものだった。司法書士に入ってもらい、公正証書遺言を作成した。

不動産を替える

アパートを売却し、土地を購入

父親は自宅近くに築30～40年の木造アパートを所有していた。
満室だったが、不安要素の多い物件だった。入居者の中に年金生活者や無職の人が多く、年齢層も高かったのだ。懸念された家賃の滞納も実際にあった。

このアパートをより高く売るために、非公開で入札を実施し、一番高値をつけた買主に売却した。

姉妹はこのアパートの売却益で一つの土地を購入し、さらに2年後に、それまでご両親が不動産収入で積み上げてきたキャッシュで、もう一つの土地を購入した。

「土地を買う」ということは、要するに資産の形を替えるということだ。

土地は、賃料などでお金を生み出し続ける。そして、必要に応じてまたお金に替えることができる。

土地購入には、資産評価を下げるという目的もある。

収益物件の土地選び

どんな土地を購入するかが収益物件の成否を分ける。

購入する土地は、建築会社がいくつかリストアップしてその中から私が選び、現地を確認してもらった。

姉妹だけでなく父親の和夫さんも一緒に、4か所ほど物件を視察した。

最初はウォーミングアップのつもりだったが、和夫さんは一つの物件を即座に気に入り、「これを買う」と即決した。

父親の迅速な決断に、同行した姉妹も驚いていた。
「無理に連れていくのはどうなのかしらと思ったのですが、連れていったら、即決だったので本当にビックリしました」（澄江さん）
「あとで説明して納得させるより、見せるほうが効果的でした」（佳代子さん）
和夫さんは、ビジネスや商売ではなく、長年地元で農業や地主業をしていた堅実な人だ。地元を知っているからこそ、その土地のよさを直感で理解していただけたのだろう。

私は、事前に1棟物件の購入メリットついてはお話ししていた。
1棟の物件なら、管理費や修繕費も自分でコントロールできる。
1棟を30年所有し、ご自身の判断で適宜のときに売却も建て替えも可能だ。
収益物件としての売却も考えられる。
このような柔軟性が重要だと私は考える。
ちなみにこの土地を私に紹介してくれたのは、ハウスメーカーのA社だ。

多くの人は知らない事実だが、**不動産仲介会社と建築会社とでは土地の見方が異なる。**

不動産仲介会社に比べて建築会社は、土地自体の形状よりも土地を立体的に見て、事業の可能性を重視する。

仲介の不動産会社は、売却後の土地がどう使われようが知ったことではない。だが、建築会社のゴールは建てて経営することだ。

3Dで土地を見て、建ぺい率や斜線の問題などを考慮する。土地がどのような形状をしていようが、事業が成立すれば彼らにとっては価値がある。

この視点の違いは、土地選びにおいて非常に重要な要素となる。地主が検討すべきは、土地の事業性である。

したがって、**新規に物件を建てる際は、まず先に目当ての建築会社を決め、その会社から土地情報を得るほうが効率的だ。**

金融機関担当者の言葉に唖然

姉妹は上物を建てるための融資の相談をしようと、メインバンクの営業担当者を呼んだ。

そのときの対応がひどかった。

「融資を受けたいのですが、と話をしましたら『私に言われてもできません』と言われてしまいました。こちらは、あなたに言うほかにないじゃないですかって、唖然としました」（澄江さん）

これまで長年の付き合いがあり、ローンの履歴もある。ほとんど借入がなく、担保に充分な土地もある。これ以上貸しやすいプロフィールはない。

本来なら逆にメインバンクから融資の提案があってもおかしくないのだが、「できません」とは予想外のことだった。

金融機関にはこういう担当者もいるのだ。これも一つの〝**地主を取り巻く真実**〟と言えるかもしれない。

まるで話にならないので、姉妹はハウスメーカーA社が紹介した地銀のM銀行に融資を申し込んだ。

後日、メインバンクの営業担当者が支店長を連れてあいさつに来たときには、すでに建築が始まっていた。

「もう遅い！と父が断って、帰ってもらいました」（澄江さん）

上物は2棟ともハウスメーカーA社の紹介で、M銀行の融資で建てた。支店長が近藤家に挨拶に行き、交渉はスムーズに進んだ。

スムーズに進んだのには理由があった。

融資の交渉をハウスメーカーA社の営業担当者にまかせたのだ。

私がよく話しているのは、**借主が直接交渉するよりもエージェントを介在させるほうが有利**だということだ。

銀行にとって「ハウスメーカーA社」という名前は大きな意味を持つ。

A社は多くの顧客を持っており、適切に対応すれば新規顧客を開拓できる可能性が高い。A社もよい条件で借りられれば、事業性がよくなる。

お互いにメリットがあるので、メーカーの営業担当者に一任するのが最も効率的だ。ただし、営業担当者の能力差もあるので、ここは担当者の能力をよく見て判断したほうがよいだろう。

賃貸マンションの状況

このマンションは2棟とも常に満室で、空室が出るとすぐに埋まる理想的な状況だ。

どちらも東京へのアクセスがよく、住環境のよいエリアだ。

「買い物に便利で病院も近く、私たちが住みたいほどの場所です」(澄江さん)

管理は基本的に専門の会社にまかせているが、お2人は月に1回、物件の周囲の草取りなどをしている。

「見た目が重要なので。草が伸び放題だと見栄えも悪いし、敬遠されることも

あるでしょう」（澄江さん）

「自分たちの所有物である以上、綺麗に保ちたいと思います」（佳代子さん）

物件の管理のスタイルは人によって違う。

管理会社にすべてまかせ、見に行くことがないという方もいれば、自分自身で確認し、管理することで安心するという人もいる。

姉妹のように物件に愛着を持ち、自分たちで手をかけるのは非常によいと思うが、どちらが正解ということはない。

それよりも、自分で物件を選び、建てるという意識が重要だ。

親や親戚から引き継いだ不動産は選べないが、購入した不動産は、自分が気に入ったものを選んでいるということだ。それが愛情を深めることになるかもしれない。

古い不動産を新しいものに「替える」という概念

倉庫からの家賃収入はそのまま継続され、売却したアパートの分は収入がなくなった。しかし、２棟のマンションを建てたことで、収入は増えた。ローンはあるがそれを払っても手元にキャッシュが多く残るという状態だ。

ただアパートを売却しただけでは、お金は得ても何かを失ったような気持ちになる。古くから長いこと活躍してくれていたものが、別のものになって活躍してくれるようなことをイメージするとよいかもしれない。**まさに「交換した」というイメージ**だ。

かつては地主が自治体に土地を提供し、代わりに別の土地をもらうことがあった。これの現代版と考えてもよいだろう。

不動産は「動かない財産」であるが、逆に動かせるものと考えることが、これからの時代のキーワードだ。

専門家の選別

不親切な税理士

姉妹は私に会うまで、周辺に相談できるプロはいなかった。確定申告の際に地元の税理士に頼んでいた程度だ。

領収証を1年間箱に溜めて、確定申告を依頼していた税理士にそれを渡すだけだった。

両親も税や保険に詳しくなく、多くの保険に加入しているが、保険料控除も受けていなかった。整理すると、何年分もの領収証があった。長い間その状態が続いていたのだ。

「保険で控除が可能だ」と税理士が一言教えてくれてもよかった。あまりに不親切ではないかと姉妹が不満に思ったのも当然だ。

保険料控除さえやってくれていない税理士もいるのだ。

地主をフォローする専門家チーム

新しい税理士は、不動産にも相続にも詳しい会計事務所を私が紹介した。

地主の事業には契約がつきものだ。顧問料は決して安くはないが、顧問弁護士がいれば契約書の確認などで心強い。

近藤家の自宅の入り口には、顧問弁護士の「ベリーベスト法律事務所」の看板が掲げてある。悪質な訪問販売や悪い営業はそれだけで退散するだろう。

また、この時代、パソコンが使えないと何かと不自由だ。しかし、サポートセンターに電話してもなかなか通じない。周囲にパソコンに強い人がいないという人も多いだろう。私自身がＩＴに強くないので、専門家にＩＴ顧問をお願いしている。姉妹にもその専門家を紹介し、ウイルスやネット詐欺など、トラブルに遭った際にはサポートをお願いしている。

各部門のプロである専門家が必要に応じて地主をサポートする。私が提供する価値の一つがそういうチームだ。

地主としての成長

地主のプレッシャーを軽くする

姉妹は、それまで不動産を動かした経験はなかった。何から調べたらいいのかもわからない状態からのスタートだった。

「最初の頃は、もう本当に、何かあるたびに怯えていました。最初は不動産事業の全体がわからず、お金をどう動かしたらいいんだろうかとか、悩んでしまいました。お金はあるんですが、経験がないので本当に心配でした」（澄江さん）

もし自分で作った資産なら、それで好きなものを買って、うまくいこうが、失敗しようが、自己責任でいい。あきらめがつく。しかし、先人から引き継いだ大きな資産を守ろうとすると、そうはいかない。姉妹の父も、またその先代も、地主の家系はみな、見えないプレッシャーを常に感じている。

そういうプレッシャーに苛まれているときに、地主の参謀が入ることで、何をどうしたらいいのかわからないという迷路から抜けられる。その精神的なストレスが解消されるというのはかなり大きいはずだ。

参謀は強制しない

私は「もし私だったら」という視点でクライアントにアドバイスはするが、決めるのはあくまで地主だ。

「こちらの感情抜きにして、どんどんすすめちゃうような人とか、バリバリの感じの人はちょっと抵抗があります。もし松本先生が、もっとガツガツきていたら、あとで『あのとき、あの話に乗っちゃったけど、よくなかったかな……』とか思ったのかもしれません。

松本先生は、ゆっくり待ってくださって、２人で考えたりするときもひと休みして待ってくださる。松本先生はちゃんとこの家のことを考えてくれています。よい方に会えたなと思い、それからずっと顧問としてお願いしています」（澄江さん）

「以前は松本先生から『こういうのはどうですか』『こういうのもできますよ』とアドバイスをいただいても、今ちょっと余裕がないから止めておこうか、とストップをかけることもありましたが、だんだんと手持ちの金額が増えてくると、私のほうから『松本先生、これを活かすことはできませんか？』と相談するようになってきました。また一歩進んでいるような気がします」（佳代子さん）

不動産の相続

家庭ごとに事情は違うが、相続や財産の管理を話し合って決定するのは難しい。

代々うまくいっている地主は、家族の役割を理解し、資産が分散しないようにしている。

会社経営に例えればわかりやすいだろう。社長が複数いていろいろ経営判断するのは非効率であるし無理である。これと同じように、**地主の財産を引き継いだ人が最終的な決断をし、全責任を負う**形でよいと私は思う。

財産を引き継ぐのは得ばかりではない。どんな地主でも、引き継ぐ人には特別な責任がある。墓守、法事、地域との関係など、その他のさまざまな責任も同時に引き継がなければならない。

法律は表面上全員に平等だが、事実として、引き継ぐ人は重い責任を担っている。やりたいことばかりではないし、自由があるようで実際にはそれほどではないのだ。

一方で、家を出ていった人々は、金銭だけを要求する場合が多い。

責任から逃れ、権利だけを主張する人々ばかりでは、財産は相続のたびに細かくなり目減りしてしまう。

近藤家は財産も責任も引き継ぐはずだった長男が外れ、姉妹が2人でさまざまなことを決定している。理想とする形とは違うが、それだけに難易度が高い。だが、難しいことを協力して乗り越えているのだ。

貸している土地の将来計画

姉妹はこの数年間で、弁護士への相談、遺言、不動産の売却や購入、借入など多くのことを経験してきた。

1件だけの不動産購入では、まだわからないことが多い。2件購入し運営している点は大きい。何ごとも経験が最良の教育だ。この経験がよいウォーミングアップになっている。

費用面はもちろん、オーナーとしてのセンスが磨かれているのだ。

経験値を積んで、最も大きな土地の活用をできたら、とてもいい結果になるだろう。先に楽しみが残っているという状態だ。

「いつになるかねって、楽しみにしています」と笑いながら澄江さん。

不動産活用で違ってくる老後

寿命が延び、税金が上がり、年金が減っている。この三つのリスクは老後に大きい。

地主家庭で育つ以上、不動産に触れる機会が必ずある。要は、不動産をどう味方につけるかだ。

寿命が長くても、安定した不動産収入があれば困らない。収入が多ければよい老人施設にも行ける。税金もコントロール可能だし、年金が減少しても家賃収入でカバーすることができる。

不動産のよさを理解し活用すれば、三つのリスクは解消できる。

姉妹は新しい物件も二つ所有しているし、駐車場の土地もある。また、人を見る目も肥えてきた。

複数の収入源があるから、この先、厳しい状況になることはないだろう。

不動産の魅力に気づいている家庭とそうでない家庭では、老後がまったく違う。

「松本先生と定期的に対話することで、だんだん視野が広がってきた」と姉妹は言う。現在も私は毎月近藤家を訪れ、約1～2時間お話しさせてもらっている。時間を共有することで、お2人にはいろいろな変化があった。

この面談には税理士が参加したり、不動産の売却について仲介業者や建築関係者も加わることがある。

それぞれのテーマで適任の専門家を招いて、多角的に把握していただくことで、以前の話題とのつながりに気づいていただけることも多くある。

初めての経験ばかりで大変だった姉妹だが、今のところは心配事や懸案事項などはなく、精神的にも不安要素はない。

このまま今の生活が続くよう、ご両親と自分たちの健康に気をつけて暮らしていきたいという。

Episode 6

手間のかかる多数の不動産管理——
将来は遠隔管理を実現して、娘〜孫に引き継ぎたい

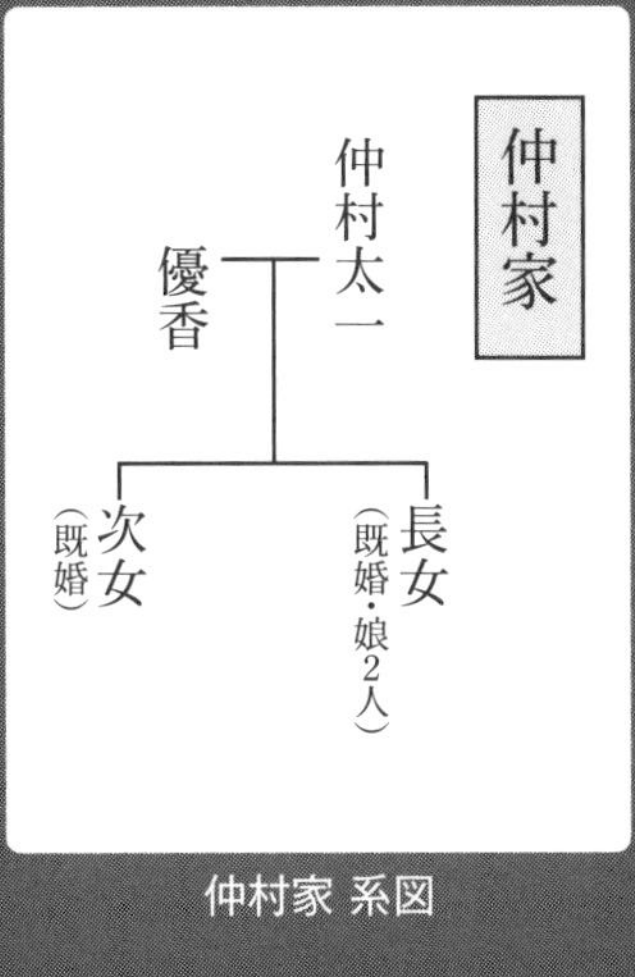

仲村家 系図

アメリカで出会って結婚した夫妻

仲村家

仲村家は東京のベッドタウンに30か所以上の不動産を持つ大地主だ。個人でこれだけ多くの土地を持つ人は少ないだろう。仲村太一さんは70代、妻の優香さんは60代で台湾出身だ。夫妻は現在、先代が設立した法人で仲村家の資産を管理している。

家族は夫妻と長女、台湾に住んでいる次女、それぞれに配偶者の夫がいる。現在、長女の2人の孫も保育園の関係で太一さん、優香さんの自宅にほぼ同居している。ときどき夫妻が幼稚園に送り迎えをしているそうだ。

アメリカ留学中に出会い、結婚

夫妻はアメリカの大学院留学中に知り合って結婚した。

優香さんは「私はお金持ちの家に嫁ぎたいとは思っていませんでした」と言う。優香さんの祖父は中国である県の知事をしていた。しかし資産家であるとして中国共産党によって、死刑に処され、土地や財産もすべてを奪われた。祖父のほかにも、多くの親戚が死刑になり、一族は台湾に逃れた。

「私の父は弁護士で、自分の能力や資格を活かしています。やはり、自分の力で知り合って、好きな人と結婚するのがいい、と思っていました」（優香さん）

アメリカで出会った頃、夫の太一さんは実家のことを詳しく話していなかった。本人に資産家の息子だという意識がなかった。

「主人は農家だと言っていました、私は弁護士の娘と自己紹介していました」と優香さん。

仲村家もまた、時代に翻弄された歴史を持つ。戦後の農地改革で多くの土地を失ったのだ。

「結婚してこの家に来て、義父の土地を守りたい、失いたくないという気持ちが非常によく理解できました。もう土地を失いたくないという願いが私の心の核となりました」（優香さん）

妻の危機感

優香さんは日本に来てすぐに日本語学校に通い、苦労の末、5年かけて日本国籍を取得した。

娘が2人生まれたこともあり、先代が設立した仲村家の資産管理会社正社員として、帳簿付けなどを担当した。

だが、優香さんは物足りなさを感じ、簿記の国家試験を取得、外資系の会社で働いた。海外出張も多く、最後の仕事では、イギリスの会社の顧問として、北京の国会議事堂で投資法案審議等の同時通訳をしていた。

優香さんはもしかしたら、日本だけにいると気づけない視点で、広い視野で物事を見ているのかもしれない。

「主人はあまり政治に興味がありませんが、地主には政治問題がかかわってきます。政治の動きがあると、義父はすごく心配してたんです。私も、中国でのことがあったので、その気持ちがよくわかります。もし、共産党が勝ったら、地主としてどこまで大変か、というのを考えたり話したりしていました」

先代の死

夫の父母

太一さんの母は、5人姉妹の長女で、太一さんの父が婿養子になったという。
生前、母は週1～2回、自転車で集金に回っていた。
借主さんと直接会話をして、子どもが結婚するとか、借主さんの事情を聞いていた。同時に貸している土地に勝手に何か作ったりしていないかなど、土地の状況を自分の目で確認していた。

現在は銀行振込だが、「地主としては、本当はそうやって見に行かないといけない」と太一さん、優香さんも考えている。

太一さんが子どもの頃は、土地は大部分が田畑や山林で、果樹園などもあった。周辺に住宅や店舗が建つようになったのは、30年ほど前からだ。子どもの頃は、資産家という意識はなく、「農家をやっている」としか思っていなかった。

先代（太一さんの父）は日曜日になると、獲れた作物をリヤカーに載せて、1~2時間歩いて、市場に売りに行っていたそうだ。ただ畑で作って売るのではなく、リヤカーを引いて売れる場所まで行って現金を稼いでいた。

土地活用を始めたのは先代である。

太一さんがアメリカへ行く前は農家だったが、5年後、太一さんがアメリカから帰国すると、農業は完全にやめて不動産賃貸業に取り組んでいた。

太一さんは、日本に帰国してからは、外資系企業の日本法人でコンサルタントやアナリストとして働いていた。世界情勢や日本経済を分析する大きな仕事を任されていた。

退職後は、父と共に所有不動産の管理に携わった。

生前贈与と相続

先代が96歳で亡くなったのは、２０１８年。太一さん夫妻に1人目の孫が生まれた直後のことだった。

相続税は一度にかかるとその金額は大きい。先代が亡くなったとき、さまざまな工夫をしていたので、想像していたよりも相続税は少なかった。

先代は孫にあたる長女にも土地を贈与した。次女が生まれたとき、先代は産婦人科に足を運び、次の子も女の子だと確認すると、まだ2歳半だった長女に土地の贈与を決めた。

生前贈与については、税理士からこんな意見があったという。

「私はアメリカに行って帰ってきましたが、今の若い人たちは、外国に行ってそのまま帰ってこないことも多いので、あまり若いうちから、お孫さんに贈与はしないほうがいいですよって税理士さんがおっしゃってました」（太一さん）

税理士の意見も一理ある。海外のほうが暮らしやすいという人も少なくない。ふつうの家庭なら海外で暮らすのもかまわないだろう。しかし地主の家はふつうの家ではない。

地主家庭の跡継ぎには、将来的に海外で暮らすという選択肢はない。地主家庭の長男には、そんな心配のないように、帝王学ではないが、地主としての教育をしていくべきではないかと私は考えている。

先代の土地へのこだわり

太一さんは、しばらく会社勤めと地主としての仕事を両立していた。２０１３年頃に定年退職するまで、不動産は主に先代が管理していた。

退職後は、太一さんも先代とともに管理に注力したが、すべての財産を把握していたわけではなかった。相続したときに、知らなかった不動産が多々あった。
「いざ相続する段階になって、あっ、ここにもあったんだ、と土地がたくさん出てきました。ふだんは活用していなかったことからお金が動いていないので、知らなかったんですね」（太一さん）
優香さんは6年の間、仲村家の会社の帳簿をつけていたが、先代はすべての取引を見せてくれたわけではなかった。銀行の振込の類は一切見せてくれなかった。
「すべてが会計事務所まかせで、何年に何を贈与したかなど、帳簿付けをしていた私もわかりませんでした。所得申告は、私たちはほぼノータッチでした。戦争経験のある義父は、どうしても、握って放したがらなかったんです。そのため、固定資産税ばかり払っていたんです。内容を確認しないので、数字が合っていなかったり、2回払うこともありました。払い過ぎたり、未払いがあったりしていました」（優香さん）
優香さんが「使っていないのに税金を多く払っているのはおかしい。もっと調査するべきだ」と指摘したこともあったが、義父は「税務署から何も指摘がないんだからそのままでいい」と言って、役所への問い合わせもしなかった。

借地の問題

先代が亡くなって一番困ったのが、借地関連の問題だった。

太一さんの代になったときに黙って返してくれた土地もあるが、何件かそのままになっている土地もある。

「義父は優しくて、頼まれるとノーといえないタイプでした。それで言われるままに人に貸したり売ったりしていたため、中途半端に小さい土地が多数残ってしまいました。活用の仕方や土地の扱い方に問題があったのに、私たちには黙っていたので、大変でした」(優香さん)

どういうふうに借地が始まったのか、借地人との関係はどうなのか、太一さん夫妻は、先代から一切聞いていなかった。

「なにせ、昔ですから、書類をネズミにかじられてしまったものもたくさんあ

りました」（太一さん）

契約書がないものもあった。

「義父の契約の多くが口約束でした。しかも相手は、すでに亡くなってしまったり、老人ホームに入ってしまったりしています。その子どもや孫に聞いても『書面はないのでわからない』と言うばかりでした。事実を調べるのに3～5年くらいかかってしまう。もうぐちゃぐちゃです」（優香さん）

借地人が勝手に建物を建てても10年間まったく気がつかなかった、ということさえあった。

「昔はなぁなぁでやってきたんでしょうが、土地の境界がきちんとしていないと、やはりわからないですね。きちんとこちらで区切ったところで、相手がサインしてくれない、判を押してくれないなど、まだありますね」とやや呆れて話す太一さん。

借地料はもらっているが、昔の金額のまま、非常に安いものもあった。

この土地は弁護士を通して物件を整理した。このような案件が膨大にあり、それを一つひとつ確認していく作業が大変で、まだいくつか残っている状況だ。

参謀との出会い

地主の参謀への依頼

私が夫妻と出会ったのは約4年前。

「松本先生の本を読ませていただいて、ちょうどセミナーがあるから行ってみよう、と参加しました。お話を伺って、私の知らないことも多く、松本先生に相談してみよう、と思いました」（太一さん）

「私は松本先生の本をまだ読み終えていませんでしたが、とにかく会ってみたいと、セミナーに参加しました。お顔を拝見して、この方は大丈夫、嘘をついて

いない、という確信が持てたので、すぐに先生のところに行きました」（優香さん）

物件とトラブルの多さ

仲村家には銀行借入はなく、物件からの収益もよかった。固定資産税はあるが、赤字ではない。キャッシュフローは非常に健全だった。

多数の物件を抱えているので小さな問題は散見されるが、経営に影響を及ぼすような大きな問題はなかった。

しかし細々した問題は多かった。

「以前から義父に、使えないもの、金銭的に収入のないものは、すぐに売却したほうがいい、と言っていました。でも、何を言っても聞いてくれないし、何を持っているかも教えてもらえなかったんです。義父が亡くなって、全部リストにして、わぁ、思っていたよりもだいぶ大変だ、となりました」（優香さん）

リストアップした物件は、私が用途別に分けて番号を振った。大小合わせて46

はあった。個人ではとても管理しきれない数だ。
相続した頃に活用していた不動産は6割程度。残りの4割は、林や草地だった。土地の数が多く、面積も広い。必然的に、隣地が多く、関係者も多い。
「隣地が多いということは、いろいろな苦情があるということです」（太一さん）
例えば、仲村家の所有地が草ぼうぼうであれば、「虫が出るからなんとかしろ」という苦情がくる。
「草があるところは業者に頼んだり、自分で除草剤を撒けるところは自分でやったりしています。苦情にはなるべく早めに対応してはいます」（太一さん）
太一さんが早朝から草取りをして除草剤を撒くと、今度は別の人から「庭で育てている園芸植物に影響するから除草剤はやめてくれ」と反対のことを言われることもある。
森があって緑が豊かな土地だから購入した、という方もいただろう。しかし別の方からは落ち葉が飛んできて迷惑だ、と言われる。業者を頼んでその木を急いで伐採すると「ちょうどいい木陰だったのになぜ切ったんだ！」と別の人から苦情がくる……といった具合だ。

仲村家が貸している物件は比較的古いものが多く、管理会社に依頼しているわけでもなかった。かかってくる電話のほとんどが土地への苦情か建物の不具合に関するものだった。

市役所や警察へも苦情が行くことがあり、夫妻は対応に追われた。

「以前、自宅に人相の悪い人が玄関をガンガン叩いて、竹が伸びて家に日差しが入らなくて困る、と苦情を言いに来たことがあったんです。義父が対応したのですが、娘たちも小さかったので、本当に怖かった。

でも、土地を買った当初から、日陰になるとわかっていて買ったはずなんですよね。それでも竹は切りましたけどね。でも切ったら切ったで、切り過ぎてまぶしいとか……もう終わりのない感じです」（優香さん）

それなら他の場所に住めばいいのに、と思うが……世の中にはいろいろな人がいて、地主は往々にしてそのはけ口にされてしまう。

土地を売却し、収益物件を購入

「組み替える」という選択

仲村家はもともと広い森を所有していたが、先代が「ここだけを売ってくれ」「この場所だけ借りたい」という人々の要求に応え続けていったことで、土地はどんどん細かくなっていった。

隣地や関係者が多く、維持管理が難しいものが多いが、それを売却するだけでは資産は増えていかない。そのため別の物件に組み替えていくことを選択した。有効な建物は残し、面倒な管理が必要な物件はすべて処分する。そして、その収益で都内に新たな不動産を購入する戦略だ。

土地を失うのではなく、よい物件と「交換する」ということだ。

夫妻はこの方針に全面的に賛成してくれた。

「引き継いだということだけで、私は土地に執着はありませんでした。私が知っていたのは、コストがかかる、ということだけ。固定資産税に加えて、業者に頼んで草を刈ったり、費用ばかりかかっているんです。なので、資産の組み替えをするのは、なるほどいいことだな、と思いました」（太一さん）

夫妻は2020年頃から、手間がかかる物件を少しずつ処分していった。経済が上振れしていたタイミングで、売却には適した時期だった。

7〜9か所の土地を売却した。

「売却のときはいろいろ大変ですが、でも新しい物件の将来が見えているので、安心感はありました」（優香さん）

地主の課題

もともと引き継いだ物件に問題があったり、所有している物件に問題が発生することはある。**地主は、問題を抱える物件を避けて通ることはできない。**

見て見ぬ振りはできるが、結局はその対処を自分の世代が行うか、次世代や、さらにその先に持ち越すか、それだけの違いでしかない。

問題は先送りにせず、早期に解決したほうがいい。

早めに手を打っておけば、次世代に負担をかけなくてすみ、さらに活用の幅も広がるのだ。夫妻もその点を実感して、トライしてきた。

「私たちは結婚が遅かったけれど、長女も授かったので、早めに全部やっておかないといけないいな、と思っていました」（優香さん）

物件の購入

夫妻は、売却益を資金に、都心に5つのアパート、マンションを購入した。

このうち4件が私からの提案だった。

それらの物件はほとんどが建物が完成していた。1件は購入時点で更地だったが、建築会社は決定していた。すでに入居が済んでいるマンションもあり、また新たにプロジェクトが進行中の物件もあった。

賃貸経営の勘所

家賃コントロールによる収益

「購入時は満室だったんですが、その後、入居者が出ていった物件があります。周りの同じような物件と比べてみたら、賃料が少し高めに設定してあり、少し賃料を下げたのですが、それでどうなるか様子を見ているところです」（太一さん）

この物件は、銀行からの提案で、購入には私はかかわっていない。

賃貸経営において入居者が出ていくことは避けられない。

通常は、賃料が妥当であれば、入居者が入れ替わるだけで特に問題はないはずだ。また、場所によっては、空室になったタイミングで値上げできることもある。

家賃滞納の物件

仲村家が所有する、とある収益物件では、全8部屋のうち2室が入居数か月で滞納になってしまった。

ふつうなら「待ってください」とか「いつ払います」といった相談がくるはずだが、それもないので故意である可能性もある。

もし個人間取引であれば大きく損をしてしまうところだが、保証会社が責任をもって動いてくれるので、オーナーに経済的な損失はない。

現在と今後

不動産事業のストレス

仲村家では、借地の問題もいくつか残っているが、全体としては小さな問題だ。借地の関係で嫌な思いをしたり、業者が押しかけてきたりといった問題は、まだゼロではないが激減した。

これだけ資産や土地があると、不動産会社や銀行から毎日のように営業や提案がくるが、仲村家では基本断っている。

「東京の顧問の松本先生に一任してありますので、こちらでは何もお受けしません。ご用があれば、きちんと書面にして、名刺と一緒に入れて、郵送してください。それを見て、こちらが必要だと思いましたらご連絡しますので、と言って

います」（優香さん）

「いいストレスというか、日々送られてくる物件からのデータの処理など事務仕事は増えています。ストレスの質が以前に比べていいものに変わりました。今はデータ処理したものを税理士さんにおまかせして運営しています」（太一さん）

後継者

税理士の変更

仲村家は長年付き合っていた税理士がいたが、今は、私のパートナーの税理士にまかせている。それまでの税理士は、「相続する物件1件1件に一緒に足を運んでくれて、相続税の計算などもしてくれて、いろいろと助けてくれました」と太一さんが言うように、親切ではあった。しかし、帳簿を見るだけで資産管理や節税のアドバイスはなく、何となく質問しにくい感じだったという。

「今の会計事務所の税理士さん2人は、かなり細かく見てくれています。地主に詳しくて、アドバイスまでいろいろしてくださいます。一番いいのは、税理士さんの説明を長女が理解できることです。

いくら偉い人でも、しっかりわかるように説明できない人を、お金を払って雇いたくありません。私は長女に、税理士の話は、あなたが聞いてわかるの？　わからないことを質問をしたら丁寧に答えてくれますか？　質問の答えがわからないときも、答えを出そうと動いてくれますか？　を確認しています。こういう方々とは、一生お付き合いしていけますね」（優香さん）

後継者は長女

一生付き合えるといえば、最初に出会った日、優香さんが名刺を持ってやってきて「長女に紹介したい」と言ってくれた。

優香さんは私の考えを、スッと受け入れただけでなく、「きっと娘の手助けをしてくれる」と考えてくれたのだろう。

「先生は40代で長女は30代なので、娘の代まで、長くお付き合いしていただけると思いました」（優香さん）

また、私自身が地主家系に生まれていることも大きな理由だったそうだ。

長女が同居しているのは地主としての教育という意味もある。

「跡継ぎは長女で、彼女が妊娠中に社長見習いのような立場で会社の運営について教えました。何か私たちに事が起きた場合、すぐに対応できるようにと、娘に指導しています。離れて住むと、日常の対応や細かい事情を共有するのが難しい。そのため、こちらで生活してもらっています」（優香さん）

地主が直面する大きな課題は、次世代への引き継ぎだ。仲村家は代々、相続は1人がすべて引き継いでいる。しかし当初、跡継ぎである長女は家を継ぐことにあまり積極的でなかった。

他に仕事をしながら、家を守る

地主として資産管理だけをしていて、外の世界を知らないと、視野が狭くなると私は考えている。

「後継ぎは、ずっとうちで手伝いをすると、視野が狭くなるんですよ。私たち夫婦も外資系会社でいろいろな経験をしてきたのが、とてもよかったと思っています」（優香さん）

夫妻は、次の世代は、他にも何かをやりながらも家を守るのがいい、と考えている。

長女は大学院で航空工学を専攻し、燃料電池関連のシステム会社のエンジニアとして高収入の仕事に就いている。長女の夫は商社マンとして働いており、単身赴任で月1回しか帰れない。

「松本さんの言葉で印象に残ったのは、地主は自分の物件を自分で管理しなくていい、ということでした。プロである第三者におまかせすれば、管理会社の費

用を払うだけで、あとは面倒なことがなくなる、ということです」（優香さん）

長女が将来、社長になったときには、パソコンやスマホでパッと見るだけでいい、という状態にしたい、と優香さんは考えている。

物件や資産の状態がすぐにわかるシステムを構築したいという。

「プロの管理会社におまかせして、定期的に報告があって、問題があればすぐに対応してくれる、という形なら、長女も負担になりません。例えば、海外に出張していても、パソコンさえあれば、飛行機の中でも賃料の振り込みなどを確認できます。あとは、能力のある会計事務所さんが、全部きちんと申告してくれる、という形が以前からの理想です」

現在、管理会社にまかせている東京の物件は、まったく問題なく管理できている。

「これなら安心して、長女に資産管理を引き継ぐことができそうです。私たちも旅行に行ったりと自由な時間がほしいので、早めにおまかせしてよかったと思います。決済時には、管理会社も一緒に現場に行くので、長女にも、前もって契約書などを読んでおいて、管理会社に質問するなど、彼女の目でチェックしてもらっています。

私たちが亡くなってから渡すのではなく、今から、当事者目線で一緒にかかわってもらっています」（優香さん）

夫妻は、いずれは、いま幼稚園に通う孫に後継ぎ教育をほどこし、将来を託したいと考えている。

手間がかからず、利益を生み出す財産をいらないという後継者はいないだろう。**地主の後継者問題を解決する鍵は、持っている財産を明確化し、きちんと利益を生み出し続ける状態を作りあげることにある**のだ。

エピローグ

地主が抱えている問題の一つに跡取り、資産承継がある。

「うちの息子は興味を持ってくれない」とか、「娘が不動産なんか要らない」などという地主家庭も少なくない。これは、親がどういう不動産を持っているか、あるいは不動産とどう向き合っているかによる。

いつも問題を抱えていて、トラブルになったり、資金繰りに困っていたりすると、「ややこしいのを受け継ぎたくない」と思われてしまうものだ。

したがって、**受け継いでほしいと願うなら、「受け継ぎたい」と思ってもらえるようにすること**ではないだろうか。

地主は多くの不動産収入を得る。同時に多くの支出も発生する。収入に関して言えば、空き部屋が続いたり、家賃の滞納があったりして、時に収入は大きく減る。だが、建物のメンテナンスや修繕、銀行融資の返済は待ったなしである。突発的なことで増額することはあっても減ることはない。そして、世代ごとに莫大な相続税が発生するのである。

不動産を受け継ぐのは、決して手放しで喜べるものではない。6つのエピソードで見てきたように、多くの不動産を所有していても、その数量だけストレスを抱えているのも地主なのである。

そのストレスを軽減するのが専門家なのであるが、例えば税理士が税金面だけでなく、不動産取引にも詳しく、銀行融資や事業運営にも明るい人であれば、間違いなく「地主の参謀」として信頼され求められるだろう。顧問税理士が参謀として機能していくことが理想の体制ではないだろうか。税理士だけでなく、不動産関係者やファイナンシャル・プランナー、あるいは有能な銀行員が参謀になってもいいだろう。いずれにしても、専門知識やスキルを持った参謀が地主には必要なのである。

私は前著『地主の決断』、本書の『地主の真実』に続いて、現在**『地主の経営』を構想している**。これは、ストレスのない不動産経営をするために、地主がどのような不動産経営をしていくべきかの戦略を解説したものである。

この本では、一般的な知識ではなく、**地主に特化して、不動産の見方や取引の要諦、安定経営の方法など、一般的には知られていないノウハウを紹介していこうと考えている。**ぜひ期待していただきたい。

先祖が築いた資産をいい状態にして、次世代がありがたく受け継ぐ。これほど喜ばしいものはないであろう。そして、そのようにしていく確かな方法があり、それをサポートしていくのが参謀の存在である。

2023年10月吉日　松本　隆宏

《著者紹介》

松本 隆宏（まつもと・たかひろ）

ライフマネジメント株式会社代表取締役

1976 年、神奈川県相模原市生まれ。

高校時代は日大三高の主力選手として甲子園に出場。東京六大学野球に憧れ法政大学へ進学。

大学卒業後、住宅業界を経て起業。「地主の参謀」として資産防衛コンサルティングに従事し、この 10 年で数々の実績を生み出している。

また、最年少ながらコンサルタント名鑑『日本のコンサルタント 50』で紹介されるなど、プロが認める業界注目の逸材。

主な著書に『アスリート人材』（2022 年、マネジメント社）、『地主の参謀』（2018 年、エベレスト出版）、『地主の決断』（2023 年、サンライズパブリッシング）がある。


「地主の参謀」ホームページ　https://lifem.biz/

地主の真実

2023年11月22日　初　版　第1刷　発行
2024年10月　1日　　　　　第3刷　発行

著　者　　松本 隆宏
発行者　　安田 喜根
発行所　　株式会社 マネジメント社
東京都千代田区神田小川町 2 - 3 - 13
M&C ビル 3 F（〒 101 - 0052）
TEL 03 - 5280 - 2530（代表）FAX 03 - 5280 - 2533
https://mgt-pb.co.jp
印刷　中央精版印刷 株式会社

ISBN978-4-8378-0515-1 C0034
定価はカバーに表示してあります。
落丁本・乱丁本の場合はお取り替えいたします。